ro
ro
ro

Zu diesem Buch

Ulrich Wickert hat bereits mehrere erfolgreiche
Bücher geschrieben. «Ihr seid die Macht!» ist sein
erstes Buch für junge Leser. Er hofft, damit möglichst viele Jugendliche zum Mitreden und Mitmischen, zum Engagement, kurz: zur Politik, anzustiften.

«Wenn ihr unzufrieden mit dem Zustand unserer
Demokratie seid, dann denkt nur an eines: Jeder
kann etwas zu ihrer Besserung beitragen – auch ihr.
Ihr seid die Macht!»

Hinweise auf den Autor finden sich auf Seite 144.

Gewaltenteilung
1. Zum Begriff. Im freiheitlich demokratischen Verfassungsstaat ist der Gedanke
der G. (auch -gliederung, -scheidung,

Ulrich Wickert

Ihr seid die Macht!

Politik für die
nächste Generation

Rowohlt Taschenbuch Verlag

Veröffentlicht im Rowohlt Taschenbuch Verlag GmbH,
Reinbek bei Hamburg, November 2001
Copyright © 2000 by Rowohlt · Berlin Verlag GmbH, Berlin
Alle Rechte vorbehalten
Umschlaggestaltung Thomas Lemmler
Fotos: dpa, Frankfurt/Archiv für Kunst und Geschichte,
Berlin / apply design
Layout Sabine Golde, Leipzig
Gesamtherstellung Clausen & Bosse, Leck
Printed in Germany
ISBN 3 499 61355 7

Die Schreibweise entspricht den Regeln
der neuen Rechtschreibung.

Inhalt

Ich bin so frei

«Wenn ich die Macht hätte», sagte Felix wütend,
«dann gäb es kein Muss mehr.»
Er knallte die Tür zu, aber sein Vater Friedrich zuckte
nur mit der Schulter, denn er kannte die Zornesausbrüche seines zwölfjährigen Sohnes, der ins Bett
gehen musste, während dessen ältere Schwester Alix
noch ein paar E-Mails verschicken durfte.
Aber Felix dachte gar nicht daran, so schnell aufzu-
geben. Er fand es einfach ungerecht. Laut ging er in
das Badezimmer, drehte den Wasserhahn auf, tat so,
als putzte er sich die Zähne, stellte das Wasser wieder
ab und schlich über den Flur in die Küche. Irgend-
etwas wollte er noch aus dem Kühlschrank holen,
vielleicht einen Schokoladenpudding, um so die Un-
gerechtigkeit ein bisschen auszugleichen.
«Ich denk, du bist im Bett.»
Friedrich wollte sich ein Bier holen. Alix kam vom
PC und gab ihren Senf dazu: «Kleine Jungs gehören
um diese Zeit ins Körbchen.»
Felix überlegte kurz, ob er Alix die Zunge raus-
strecken oder ihr gar einen kleinen Tritt vors Schien-
bein geben sollte, aber er hatte die Erfahrung
gemacht, dass Worte ihm immer weiter geholfen
hatten als Zornesausbrüche.

Deshalb fragte er: «Bin ich nicht genauso frei wie
du?»
Alix und Friedrich schauten sich verblüfft an. Dann
sagte Alix: «Was verstehst du denn von Freiheit?»
«Jeder Mensch ist frei geboren.» Das hatte Felix
gelernt, da sie gerade in der Klasse den Sklavenhandel
durchgenommen hatten – vom alten Rom bis nach
Amerika.
«Wo steht das denn?», tat Alix dieses Argument ein
wenig verächtlich ab und setzte belehrend hinzu:
«Trotzdem darf man nicht alles machen, was man
will.»
«Das steht im Lexikon», half sich Felix aus der
Klemme.
«Im Wörterbuch!» Friedrich verkniff sich ein
Schmunzeln, denn die Auseinandersetzung zwischen
den Youngstern machte ihm Spaß.
«Schauen wir doch mal nach. Am besten wäre es, wir
hätten das alte Deutsche Wörterbuch von Jacob und
Wilhelm Grimm. Darin steht nämlich auch, woher
die Begriffe sprachlich stammen. Und das sagt dann
viel über den Inhalt und Sinn eines Wortes aus.»
«Das gibt's bestimmt im Internet», rief Alix und
rannte an ihren Schreibtisch, haute in die Tasten,
und tatsächlich fand sie den Zugang zu Grimms
Wörterbuch.
«Das ist ja ganz altmodisch geschrieben. Also, da
steht: ‹FREIHEIT, der älteste und schönste ausdruck
für diesen begrif war der sinnliche *freihals*, ein hals,

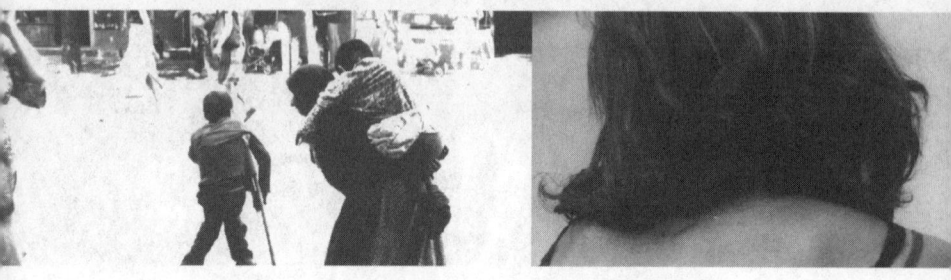

der kein joch auf sich trägt.› Das ist aber kompliziert.»

«Eigentlich erklärt das sehr schön, wie das Wort
entstanden ist», sagte Friedrich. «Freihals ist das
ursprüngliche, germanische Wort. Es zeigt ganz
anschaulich, was Freiheit bedeutet: Man hat einen
freien Hals. Im Gegensatz zum Sklaven oder zum
Ackervieh hat man kein Joch, keinen Tragebalken,
um den Hals, der einem vom Herrn aufgezwungen
wird. Da wird einem leicht klar, wie man die Freiheit
spürt. Du bist unter das Joch gespannt, da fühlst du
dich unfrei. Du wirfst das Joch ab, eine Last ist dir
genommen, du bist und fühlst dich frei.»

Alix hatte stumm weitergelesen und meinte: «Hier
steht, die Bedeutungen von *Freiheit* folgen denen des
Adjektivs *frei*.»

«Blätter doch mal dahin!», rief Felix, der ganz aufgeregt bei der Sache zu sein schien, in Wirklichkeit
aber dachte, jeder Moment, der mit der Suche nach
der Freiheit verginge, würde das Zubettgehen hinaus-
schieben.

«Frei kommt von dem althochdeutschen frî», las Alix
vor.

«Das ist ja wie im Englischen: free», erkannte Felix.

«Der freie ist sein selbes eigen», fuhr Alix fort,
«keines anderen eigen.»

«Das heißt», erklärte Friedrich, «der Freie ist kein
Leibeigener, kein Sklave. Es gibt ja auch die Redens-
art ‹freie Hand haben›, das heißt, der Mensch hat

8

einen freien Willen, ist freien Mutes, seine Gedanken, Entschlüsse, Handlungen sind frei.»
«Siehst du», sagte Felix, «ich bin nicht frei. Ich darf meinen freien Willen nicht haben, ich muss ins Bett.» Aber kaum hatte er den Satz ausgesprochen, bereute er ihn schon. Doch der Vater schien ganz versunken in das Gespräch über die Freiheit, sodass er die Bemerkung überhörte.

«So einfach ist das nicht», sagte Friedrich und ging, gefolgt von den Kindern, wieder in die Küche, um sich ein Bier zu holen, «du willst völlig frei sein, ohne irgendwelche Regeln, und nur tun, was dir gefällt.»

«Das ist ja Anarchie», warf Alix ein.

«Anarchie?» Felix schaute mit fragendem Blick den Vater an.

«Das ist ein Wort aus dem alten Griechenland und bedeutet: keine Herrschaft. Es gibt keine Regeln, jeder kann tun und lassen, was er will.»

«Klasse!», rief Felix.

«Ach ja?», konterte Alix. «Dann könnte jeder dein Mountainbike nehmen, der gerade Lust dazu hätte.»

«Da kriegt er Prügel», erzürnte sich Felix.

«Und mit welchem Recht, wenn doch jeder machen darf, was er will?»

«Da siehst du schon, Felix, dass absolute Freiheit nicht funktioniert, sondern schnell im Zoff endet», schaltete sich Friedrich ein. «Du willst frei sein zu

2. Immanuel, 22. 4. 1724–12. 2. 1804, Philosoph, Begründer der klass. deutschen Philosophie. Umfangreiche naturwissenschaftl. Studien führten K. zur Naturphilosophie, in der er auf der Grundlage des Entwicklungsgedankens und materialist. An-

tun, was du willst. Aber weil du ja auch nicht willst, dass die anderen dir einfach das Rad wegnehmen, willst du deren Freiheit wenigstens so weit einschränken, dass dir nicht jeder wegnehmen kann, was er selber haben will.

Die anderen wiederum werden sagen, sie möchten im Gegenzug auch deine Freiheit begrenzen, damit du ihnen nicht ihr Eigentum wegnehmen darfst. Die eigene Freiheit endet eben immer an der Freiheit der anderen.

Es ist ja nun einmal so, dass du nicht allein auf der Erde wohnst, sondern inzwischen mehr als sechs Milliarden Menschen sich in verschiedenen Ländern mehr oder weniger auf die Füße treten. Weil wir gemeinsam leben, müssen wir uns Regeln – die Gesetze – geben, die bestimmen, was erlaubt ist und was nicht. Gesetz und Freiheit sind also gar nicht so unvereinbar, wie euch das vielleicht auf den ersten Blick scheinen mag. Freiheit wird nämlich auch als Autonomie definiert, und *auto* bedeutet im Griechischen selbst – ein Automobil ist ein Gefährt, das sich von selbst bewegt –, und *nomos* ist das Gesetz. Autonomie heißt also Selbstgesetzgebung, im Gegensatz zur Anarchie. Wir Menschen sind demnach frei, uns Regeln zu geben. Es gibt niemanden, der uns befiehlt, ihr müsst so oder so handeln, sondern wir entscheiden selbständig über das, was gut ist oder was schlecht ist.»

«Aber woher wissen wir denn, was gut oder schlecht ist?», fragte Felix.

«Nun ja, ein guter Maßstab ist die so genannte *Goldene Regel*, die überall auf der Welt anerkannt ist. Sie heißt: ‹Was du nicht willst, dass man dir tue, das füg auch keinem andern zu.› Wenn du also nicht willst, dass man dir das Rad wegnimmt, dann stehle es auch keinem anderen. Wenn du nicht belogen und betrogen werden willst, dann belüge und betrüge du selbst auch andere nicht. Wenn du nicht beherrscht werden willst, dann herrsche auch nicht über andere. Und so weiter. Ein bisschen komplizierter hat das der berühmte Philosoph Immanuel Kant formuliert: ‹Handle nur nach derjenigen Maxime, durch die du zugleich wollen kannst, dass sie ein allgemeines Gesetz werde.› Diesen Satz nennt Kant den *kategorischen Imperativ* und meint damit ‹ein unbedingt gültiges Sittengesetz›.»

Felix dachte kurz nach und sagte dann: «In den Zehn Geboten steht doch, was man darf und was nicht. Und in Gesetzen auch!»

«Ja, das ist richtig. Aber die Zehn Gebote gelten ja nur für gläubige Christen, Juden und Moslems. Die Gesetze hingegen gelten für alle, und im Unterschied zu den Zehn Geboten werden sie in einer Demokratie nicht von Gott erlassen, sondern von einer Gemeinschaft von Menschen, wenn die Mehrheit davon überzeugt ist, dass dies so richtig ist. Und weil nicht immer klar und einfach zu erkennen ist, was gut und was schlecht, was Recht und was Unrecht ist, müssen sich die Menschen in Diskussionen darüber verstän-

11

digen und zu einem für alle verbindlichen Entschluss
gelangen. Und selbst der gilt dann nicht, wie die
Zehn Gebote, für alle Zeiten, sondern kann sich
durchaus ändern, zum Beispiel dann, wenn sich das
Wissen der Menschen ändert oder wenn es der unter-
legenen Minderheit gelingt, die Mehrheit von ihrer
Position zu überzeugen.

So war es im alten Griechenland völlig normal, dass
es neben den freien Bürgern die Sklaven gab. Und
selbst die klügsten Denker und Philosophen fanden
daran nichts Schlechtes. Erst viel später begann man,
sich Gedanken über die Rechte eines jeden Menschen zu machen, und da stellte man fest, dass alle
Menschen gleich geboren sind, dass es also nicht den
Unterschied zwischen freien und nichtfreien Menschen gibt. Und nun änderte dieses neue Wissen
auch die Feststellung von dem, was gut oder böse ist.
Wurde bisher die Sklaverei als gute und segensreiche
Einrichtung angesehen, wurde sie nun verachtet und
angeprangert.

Auch heute noch sind viele Fragen in unserer Gesellschaft nicht endgültig geklärt oder werden in den
demokratischen Staaten unterschiedlich beantwortet.
So ist die Todesstrafe in den europäischen Demokratien verboten, in den USA hingegen hält man sie für
gerechtfertigt. Der Einsatz der Bundeswehr im Kosovo war bei uns sehr umstritten. Auch bei der Gentech-
nik fällt es uns schwer, zu entscheiden, ab wann ihr
Einsatz verboten werden sollte.

Freiheit (engl. *freedom, liberty*; franz. ... berté: lat. *libertas*). Die Annahme einer ursachenbestimmten Natur (durch gött- liche Prädestination, Schicksal oder Na- ... die alltägliche Erfahrung ... keine Verantw ...sche Beurteil usw. ist fehl an tion vertritt d mus (auch Kc

Was gut oder schlecht für die Gesellschaft ist, ist selten so klar wie im Fall von Diebstahl oder Mord. Wer die Gesellschaft in seinem Sinne beeinflussen will, muss deshalb eine Mehrheit von seiner Meinung überzeugen.»

Das nächstliegende Beispiel hierfür fand Friedrich in seiner Frau Catharina, die heute Abend unterwegs war, weil sie für den Gemeinderat kandidierte. Sie wollte sich dafür einsetzen, dass in ihrem Ort mehr für die Jugend getan wird. Eine hässliche Spielhölle wollte sie sogar schließen lassen, stattdessen sollte ein Jugendhaus eingerichtet werden.

«Denkt doch mal an Catharina», sagte Friedrich.

«Sie meint, die Spielhölle sei schlecht für die Gemeinschaft, ein Jugendhaus sei gut. Falls sie jetzt in den Gemeinderat gewählt wird, dann kann sie einen Antrag stellen, die Spielhölle zu schließen. Aber die Spielhölle bringt über die Steuern Geld in die Kassen der Stadt. Wenn stattdessen ein Jugendhaus eingerichtet wird, dann kostet es Geld. Da geht es um eine Entscheidung für unsere Stadt – das ist also die Gemeinschaft. Aber Catharina muss erst einmal die Mehrheit der Gemeinderäte überzeugen, mit ihr zu stimmen.»

In diesem Moment schlug die Haustür zu, und kurz darauf betrat Catharina die Küche.

«Was macht ihr denn hier um diese Zeit?»

«Wir reden über Freiheit», sagte Felix mit Stolz in der Stimme.

Catharina war eine kluge Frau, die nicht gleich auf-
brauste, wenn mal was gegen die Gewohnheit lief. Sie
schälte sich aus ihrem Mantel, hängte ihn auf, während Friedrich sie auf dem Laufenden hielt. Und
Catharina dachte, die gute Gelegenheit, um über
solch wichtige Fragen zu sprechen, sollte man trotz
der vorgerückten Stunde nicht verstreichen lassen.
«Habt ihr denn für mich noch ein Bier übrig?»,
fragte sie, und Felix sprang auf, holte Bier, Glas und
«Hebamme», wie Friedrich den Flaschenöffner
nannte. Mit geübtem Griff hebelte er den Deckel
vom Flaschenkopf und goss das Bier langsam in das
Glas, das er schräg hielt, damit nicht zu viel Schaum
entstand.

«Freiheit», sagte Catharina nach dem ersten Schluck,
«ist für mich immer der erste, der wichtigste politische Wert gewesen. Jeder Mensch will über sich selbst
frei bestimmen können, also frei sein, seine Meinung
zu sagen, seine Religion auszuüben, sich zu bilden,
seinen Beruf zu wählen oder seinen Hobbys nachzu-
gehen. Außerdem wünscht jeder sich, frei zu sein von
Armut und Hunger, von Unterdrückung, von Krankheit, von Krieg und Gewalt. Und schließlich will sich
keiner von anderen vorschreiben lassen, wie er sein
Leben zu leben hat. Freiheit ist eben auch die Freiheit,
Dummheiten zu begehen, den ganzen Tag vor der
Glotze zu hängen, sich von Fastfood zu ernähren und
sich besinnungslos zu besaufen – kurz, all das zu tun,
worauf man gerade ganz persönlich Lust hat. Die

Aufgabe der Politiker ist es, diese Freiheiten für alle Bürger so weit wie möglich zu gewährleisten.
Der Politik geht es also um das Wohl aller, man spricht vom *Gemeinwohl*. Und um das zu verwirklichen, muss eine Gemeinschaft immer die Freiheit des Einzelnen beschränken.
Wir vier als Familie bilden schon eine Gemeinschaft. Und da werden die privaten – oder wie man auch sagt: die individuellen – Freiheiten ganz schnell durch das Zusammenleben eingeschränkt. Felix, wenn du deine Kassetten so laut hörst, dass wir anderen genervt sind, dann musst du die Lautstärke leiser stellen.»
«Mein Wohl ist mir lieber als das Gemeinwohl», meinte Felix schelmisch, und alle lachten.
«So denken viele», sagte Catharina, «aber es ist nicht richtig. Jeder muss nämlich sein eigenes Wohl auch mal dem Gemeinwohl unterordnen. Es ist eine politische Kunst, ein gutes Gleichgewicht zu finden zwischen dem Wohl und dem Freiheitswillen des einzelnen Bürgers und dem der Gesellschaft. Um festzulegen, was das Gemeinwohl ist, wie also die Regeln für das allgemeine Verhalten innerhalb der Gesellschaft aufgestellt werden, kommen alle Bürger überein, sich nach Regeln zu richten, die gemeinsam erarbeitet werden. Das nennt man den *Gesellschaftsvertrag*.»
«So ganz kapiere ich das nicht», erklärte Felix, «mich hat noch nie jemand um meine Meinung gefragt!»

«Komm! Meistens bestimmst du doch, wer vorne im Auto sitzt!», rief Alix. Man merkte ihr an, dass diese Kleinigkeit sie sehr wurmte.

«Das Auto ist ein gutes Beispiel für individuelle Freiheit und Gemeinwohl», sagte Catharina. «Wer ein Auto hat, der kann damit fahren, wann er will, wohin er will, und ist damit nicht abhängig vom Bus, von der Straßenbahn oder so. Und das findet jeder schön. Gleichzeitig nutzt das Auto dem Gemeinwohl, denn es schafft Arbeitsplätze und hilft der Wirtschaftsentwicklung. Lange Zeit waren deshalb alle zufrieden. Doch dann haben sich immer mehr Leute ein Auto gekauft.

Nun fährt jeder in Stadt und Land umher, sodass dieses Land durch das Autofahren immer unbefahrbarer, ja unbewohnbarer wird – wegen der Staus und wegen der Abgase, die dem Menschen und der Natur schaden. Und nun hat sich die Gemeinschaft daran erinnert, dass *Handlungs-Freiheit* heißt: frei zu sein, sich die notwendigen Gesetze zu geben. Die *Willens-Freiheit* ließ die Gemeinschaft fragen: Was wollen wir? Die Antwort war: Wir wollen die Natur schützen. Wie können wir das tun? Indem wir ein Gesetz erlassen, das einen Katalysator für jedes Auto vorschreibt, mit dem die Luft, wenn auch nicht gut, so doch immerhin merklich besser wird.»

«Aber warum klebt dann unser Nachbar Herr Adachs ‹Freie Fahrt für freie Bürger› auf sein Auto?», fragte Felix.

«Weil er frei sein will, so schnell zu fahren, wie er nur kann», antwortete Friedrich. «Er will keine Geschwindigkeitsbegrenzung auf der Autobahn. Die ist aber notwendig wegen der Abgase, die die Natur zerstören – und auch wegen der Unfallgefahr. In fast allen Ländern der Welt ist die Höchstgeschwindigkeit begrenzt.»

«Sind dann die Bürger nicht mehr frei, wenn sie keine freie Fahrt haben?»

«Sie sind immer noch frei, nur nicht frei zu rasen. Ihre private Freiheit wird eingeschränkt. Das passiert jedem auf irgendeinem Gebiet. Und es gibt immer Widersprüche zwischen den verschiedenen Ansichten», erklärte Catharina. «Der eine will so schnell fahren, wie er will, der andere will so spät einkaufen, wie er will, und wieder jemand möchte im Sommer sein Gartenlokal so lang auflassen, wie er will, selbst wenn die Nachbarn vor Lärm nicht schlafen können. Und da muss in der Politik dann einfach abgewogen werden: Ist es für das Gemeinwohl wichtiger, dass Herr Adachs zweihundert auf der Autobahn fährt, oder ist es besser, wenn die Natur geschützt wird?»

«Wenn die Natur geschützt wird!», rief Felix.

«Ja, denn in der Natur und von ihr leben wir alle. Wir müssen die Erde schonen und so heil an unsere Kinder weitergeben, wie wir sie von unseren Vorfahren übernommen haben», sagte Catharina.

«Wir müssen sie sogar dort reparieren, wo wir sie beschädigt haben, etwa durch zu viele Abgase», fügte

Friedrich hinzu. «Das ist nicht nur eine Aufgabe der
großen Politik, dazu kann jeder durch umweltfreund-
liches Verhalten beitragen.»
«Ihr redet immer von Politik, aber was genau ist
denn das?», sagte Felix.
«Das müsst ihr doch schon längst durchgenommen
haben», sagte Alix. «Der Begriff *Politik* kommt aus
dem Griechischen. Dort heißt die Stadt *polis*, und
Politik ist alles, was an Problemen in der Stadt, in der
Gemeinschaft, anfällt und geregelt werden muss.»
Catharina fuhr fort: «Die Griechen haben die *Demokratie* erfunden – und das heißt nichts anderes als die
Herrschaft des Volkes. Die Griechen waren dabei
sehr diskussionsfreudig, sie stritten oft lange und er-
bittert miteinander, bevor sie sich auf eine Regelung
einigten. Das Herzstück jeder demokratischen Politik
ist auch heute noch der gewaltlos ausgetragene Streit
darüber, welches die beste Ordnung für die Gesellschaft ist. Das Revolutionäre bei den Griechen war,
dass eben nicht mehr ein Herrscher einfach bestimmt
hat, sondern dass die Bürger der *polis* gemeinsam
darüber entschieden, wie sie ihre Angelegenheiten
regeln wollten.»
«Ist das dann auch Politik, was wir hier in der Familie
machen?», fragte Felix.
«Nicht schlecht», meinte Catharina. «Das kann man
auch Politik nennen. Denn bei uns gibt es ja auch
unterschiedliche Meinungen und manchmal Streit,
und dann müssen wir uns auf etwas einigen.»

«Meistens befehlt ihr ja nur», sagte Alix.

«Na ja, wer die Macht hat, der kann sich durchsetzen, so ist das immer – besonders in der großen Politik», sagte Friedrich.

Aber mit dieser Erklärung war Catharina nicht zufrieden:

«Ja, die Macht, also die Mehrheit, setzt sich durch. Aber das heißt noch lange nicht, dass sie auch Recht hat. Die Mehrheit von heute kann schon nach den nächsten Wahlen in der Minderheit sein. Selbst wenn du heute mit deiner Meinung ganz alleine dastehst, sollte dich das nicht einschüchtern, sondern du musst gerade dann für deine Überzeugung werben – denn nur so kannst du die Mehrheit überzeugen und eines Tages selbst an die Macht kommen und mitbestimmen. Die demokratische Freiheit ist eben nicht die Freiheit der regierenden Mehrheit, zu tun und zu lassen, was sie will, sondern immer auch die Freiheit der Andersdenkenden. Diese Freiheit muss jede Regierung achten und schützen – auch wenn ihr das nicht passt.»

«Die Regierung darf mir also nicht alles verbieten, auch wenn sie dafür die Mehrheit hat?», fragte Felix.

«Ganz genau», antwortete Catharina und nahm einen Schluck Bier. «Denn wir leben in einer Demokratie, und da sind jedem Bürger gewisse Grundfreiheiten garantiert. Man darf sagen, was man will, und das kann man auch in Zeitungen drucken, schließlich

gibt es die Pressefreiheit. Man darf reisen, wohin
man will. Jeder darf eine Versammlung organisieren,
um dort dann seine Meinung zu sagen, oder zu politischen Aktionen aufrufen. Man darf auch glauben,
was man will.»
«Das kann einem doch keiner verbieten!», rief Felix.
«Du hast aber wirklich keine Ahnung», sagte Alix.
«Warum gab es denn den Dreißigjährigen Krieg?
Warum sind denn so viele Menschen nach Amerika
ausgewandert? – Auch, weil sie in Europa nicht an
die Religion glauben durften, die sie sich ausgesucht
hatten!»
«Ja», sagte Catharina, «tatsächlich gelten viele der
Freiheiten und Rechte, die uns heute selbstverständlich erscheinen, noch nicht sehr lange. Zum Beispiel
die freie Berufswahl: Jahrhundertelang bestimmte der
Stand, in den man hineingeboren wurde, welchen
Beruf man ergreifen durfte. Da konnte einer noch so
begabt sein, wenn er als Sohn eines leibeigenen Bau-
ern geboren wurde, hatte er kaum Aufstiegschancen
im Leben – auch deshalb nicht, weil es noch keine
allgemeine Schulpflicht gab. Stattdessen mussten die
meisten Kinder von klein auf arbeiten, die Kinderarbeit wurde bei uns erst vor hundert Jahren verboten.
Auch die Frauen mussten lange Zeit auf ihre Bürger-
rechte warten. ‹Freiheit, Gleichheit, Brüderlichkeit›
galt eben tatsächlich lange nur für ‹Brüder› und nicht
für ‹Schwestern›. Noch vor hundert Jahren wäre es
undenkbar gewesen, dass ich für den Gemeinderat

kandidiere – die Frauen bekamen in Deutschland
nämlich erst 1919 das Wahlrecht –, und Alix hätte
sich damals gar nicht um gute Noten bemühen müssen, denn zum Hochschulstudium wäre sie als Frau
nicht zugelassen worden.

Heute garantieren die demokratischen Verfassungen
nicht nur die Rechte der Kinder, die Gleichberechtigung von Mann und Frau und die Freiheiten jedes
Einzelnen, sondern gewährleisten auch, dass jeder
Bürger aktiv an der Politik teilhaben und die Gesellschaft mitgestalten kann – und sich nicht wie früher
ohnmächtig regieren lassen muss.»

Catharina nahm einen kräftigen Schluck aus dem
Bierglas, schaute auf die Uhr und rief: «Fünf nach
elf. Jetzt aber nichts wie ab in die Koje!»

Alle erhoben sich, auch Felix stand auf und warf
seinen leeren Becher in den Mülleimer, dann ku-
schelte er sich an Catharina, wickelte seine Arme um
ihre Hüften und sagte: «Ich hab noch eine letzte
Frage. Wie kann denn eine Verfassung die Freiheit
garantieren?»

«Du kleiner Gauner, du willst nur nicht schlafen gehen», grinste Alix.

«Ich versteh's wirklich nicht.»

«Gut, aber das ist wirklich die letzte Frage», antwortete Catharina, setzte sich noch einmal hin und zog
Felix auf ihren Schoß. Das mochte der zwar nicht
mehr so gern, aber jetzt hielt er still.

«Zunächst einmal: Die Freiheitsrechte der Menschen

21

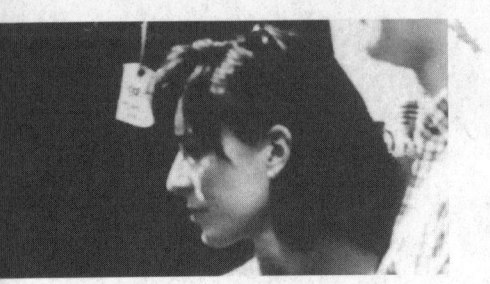

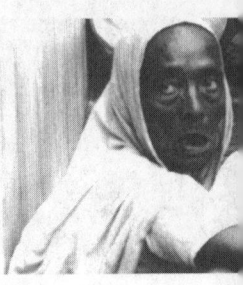

sind nichts, was ein Staat seinen Bürgern gewährt und wofür sie dankbar sein müssten. Denn weil der Mensch ein Mensch ist, kommen ihm von Natur aus bestimmte Rechte zu, ganz unabhängig davon, in welchem Staat er geboren wird. Das zumindest ist die Idee der *Menschenrechte*, die überall auf der Welt Gültigkeit haben, ganz gleich, ob sie von den Regierungen anerkannt werden oder nicht.

Die ersten Menschenrechtserklärungen wurden Ende des 18. Jahrhunderts bei der Unabhängigkeit der USA und der Französischen Revolution verkündet. Und 1948 – nach dem Zweiten Weltkrieg und der Diktatur der Nazis – wurde dann die ‹Allgemeine Erklärung der Menschenrechte› durch die Generalversammlung der UNO beschlossen.

Unter den Menschenrechten versteht man all die Rechte, die aus der Würde des Menschen hergeleitet werden, so das Recht auf körperliche Unversehrtheit, auf Gleichheit vor dem Gesetz und auf freie Selbstbestimmung. Dazu gehört auch das Recht auf Meinungs- und Glaubensfreiheit, auf Gleichberechtigung von Mann und Frau und auf die freie Entfaltung der Persönlichkeit.

Die Menschenrechte sind, wie schon gesagt, unveräußerliche Freiheits- und Gleichheitsrechte – das heißt, kein Mensch und kein Staat hat das Recht, sie dem Menschen wegzunehmen.

In der Wirklichkeit sieht das aber anders aus. Immer noch gibt es viele Länder, die die Menschenrechte

nicht in ihrer Verfassung verankert haben, weshalb diese dort nicht einklagbar sind. Anders ist das in der Bundesrepublik. Der erste Artikel und damit das wichtigste Leitprinzip unseres Grundgesetzes ist das Bekenntnis zu den Menschenrechten als bürgerlichen Grundrechten. Diese Rechte sichern die Freiheit des Bürgers gegen Eingriffe des Staates. Gesetze und Handlungen, die gegen diese Rechte verstoßen, sind verfassungswidrig und damit ungültig. Ein jeder Bürger, der sich in seinen Grundrechten verletzt fühlt, kann deshalb vor dem Verfassungsgericht dagegen klagen.

Nun kann man ja selbst unsere Verfassung ändern. Aber die Grundrechte darf auch eine noch so große Mehrheit nicht einschränken oder abschaffen. Denn die Unantastbarkeit der Würde des Menschen gehört zu dem Kern unserer freiheitlich-demokratischen Grundordnung, der nicht verändert werden darf.»

Während Catharina nach ihren langen Ausführungen erst einmal ihre trockene Kehle ölen wollte und ihr Bierglas in einem Zug leerte, ergänzte Friedrich: «Die Demokratie, der soziale Rechtsstaat und der Bundesstaat gehören auch dazu. Aber es ist jetzt wirklich zu spät, auch darauf noch einzugehen. Dieser unveränderbare Verfassungskern wurde nach dem Zweiten Weltkrieg eingeführt, um zu verhindern, dass die Freiheit in Deutschland auf demokratischem Wege, etwa durch Wahlen, abgeschafft werden kann. Das war nämlich das Schicksal der vorherigen Demo-

kratie, der Weimarer Republik, gewesen. Denn Adolf
Hitler und die Nazis waren damals nicht durch einen
Putsch an die Macht gekommen, sondern ganz legal
durch Wahlen.»
«Und wie ist Hitler dabei vorgegangen?», fragte
Felix, aber statt einer Antwort erntete er nur Geläch-
ter.
«Ab ins Bett und sofort Licht aus!» Die Küchenuhr
stand inzwischen auf halb zwölf.
Felix sagte laut: «Ich habe doch ganz schön für mei-
ne Freiheit gekämpft!»
Dann raste er in sein Zimmer, und kurz bevor die
Tür zufiel, rief er:
«Gute Nacht!»

Balanceakt: Gewalt durch Gewalt beschränken

«Mami, hast du nicht irgendwo 'nen Karton für die Spielsachen?», rief Alix aus der Küche. Friedrich, der morgens nie gut anzusprechen war, knurrte nur hinter seinem Stadtanzeiger hervor, wies auf die Rumpelkammer. Catharina rief aus dem Bad: «Was willst du?»
Felix, der sein Schokomüsli löffelte, antwortete: «Schon gut!», als er sah, dass Alix einen Karton gefunden hatte. Alix packte die einzelnen Spielsachen in alte Zeitungen ein und legte sie sorgfältig in den Karton. Das Spielzeug war für vertriebene Kinder aus dem Kosovo bestimmt. Das Kosovo ist eine Gegend, die zu Serbien gehört, in der aber hauptsächlich Menschen albanischer Herkunft wohnen. Nun haben Serben eine andere Kultur, Geschichte und Religion als die Albaner. Deshalb hat die serbische Regierung in Belgrad beschlossen, die Albaner zu vertreiben. Weil die aber nicht gehen wollten, wurde die Armee eingesetzt. Und unter den Vertriebenen waren auch viele Kinder, für die sammelten Alix und

Felix Spielzeug. Felix war ein wenig stolz, dass er sich hatte überwinden können, auch den Lastwagen abzugeben, an dem er eigentlich noch hing.

Auf dem gemeinsamen Weg zum Bus bot Felix an, das Paket zu tragen, schließlich waren ja auch seine Spielsachen dabei. Alix gab es ihm, doch als sie an der Haltestelle warteten, nahm sie den Karton wieder an sich. Denn Thomas kam, und den wollte Alix beeindrucken. Er ging in eine Klasse über ihr. Thomas fragte auch gleich: «Was hast'n da?»

«Spielsachen.»

«Spielsachen?!»

«Machst du etwa nicht mit bei ‹Kids helfen Kids im Kosovo›?», fragte Alix.

Thomas errötete. «Nie gehört», sagte er grob.

Im Bus trafen sie auf andere Schüler mit Kartons für die Sammlung. Thomas fragte: «Nee, sag doch mal. Was macht ihr da?»

Alix erklärte ihm: «Im Internet gibt es eine Suchmaschine für Kinder ...»

«... die heißt blinde-kuh!», rief Felix dazwischen.

«... und da habe ich mich informieren wollen über den Krieg im Kosovo. Weil ich nicht richtig wusste, was die NATO ist, und dann, weil ich meine: Nie wieder Krieg! Deutschland hat genug Krieg geführt. Und so bin ich im Internet-Forum auf andere Schüler gestoßen, die wollten den Krieg nicht einfach so hinnehmen. Und hast du nicht auch diese furchtbaren Berichte in der Tagesschau gesehen?»

«Ich guck keine Nachrichten. Politik ist bei mir
out», meinte Thomas.

Alix verzog den Mund, ging aber nicht weiter auf
Thomas ein: «Das ist schrecklich, nur weil sie Albaner sind, werden ganze Familien vertrieben. Die können nichts mitnehmen. Und wenn die über die Gren-
ze vom Kosovo nach Albanien oder Mazedonien
kommen, dann weinen die noch, weil sie so Furcht-
bares durchgemacht haben. Und da haben wir im
Internet überlegt, was wir machen könnten – ohne
Geld und erst recht ohne irgendwelche Macht. Zuerst haben wir uns darauf geeinigt, dass wir, weil wir
selber Schüler sind, versuchen sollten, den Kindern
zu helfen.»

«Du lieber Gott, warum das denn?», fragte Thomas.
«Das ist doch ziemlich mühsam.»

«Weil das auch Menschen sind und weil es uns dagegen wirklich gut geht. Wärst du nicht auch froh,
wenn dir jemand helfen würde, wenn du in so 'ner
Lage wärst? Wir haben uns dann überlegt, was Kinder von uns brauchen könnten. Und dann kamen wir
schnell auf die Idee, dass jeder von uns doch genug
Spielzeug hat, von dem jeder etwas abgeben könnte.»

«Und wie kommt das da runter?», fragte Thomas.
«Das muss ja erst einmal in Deutschland gesammelt
werden. Und da haben uns die Betreiber von blinde-
kuh im Internet geholfen. Sie haben andere Online-
Foren wie ‹Kindersache› des Deutschen Kinderhilfs-
werkes oder ‹Lilipuz› von der WDR-Kinderfunk-

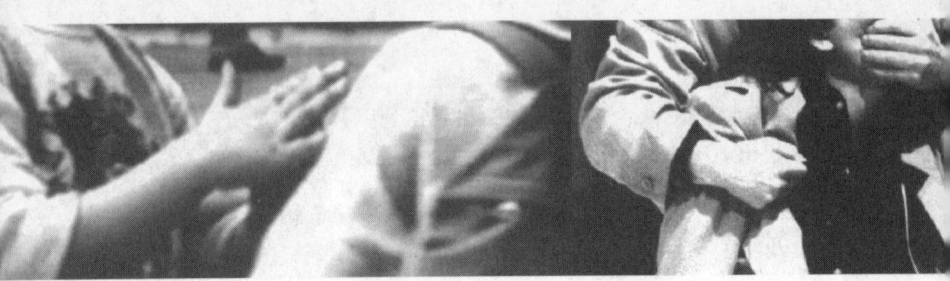

redaktion eingeschaltet. Und jetzt sammeln Schüler in ganz Deutschland Pakete. Die werden dann vom Arbeiter-Samariter-Bund abgeholt und nach Hamburg gebracht. Da steht 'ne Kaserne der Bundeswehr, Clausewitz-Kaserne, wo die Pakete noch einmal sortiert werden. Und wenn genug zusammenkommen, werden sie mit einem Lastwagen runtergefahren.»

«Und wer bezahlt den Laster? Das ist doch wahnsinnig teuer», wollte Thomas wissen.

«Der ASB.»

«Der was?»

«Der Arbeiter-Samariter-Bund.»

«Und wo hat der das Geld her?»

«Aus Spenden von den Erwachsenen. Habt ihr bei euch in der Klasse nicht darüber geredet?», fragte Alix und schaute Thomas mit einem durchdringenden Blick an.

Thomas wurde ein wenig unwohl. Er spürte, dass er mit seiner ablehnenden Haltung zumindest in den Augen von Alix so ganz daneben lag.

«Nee», sagte er, «bei uns hat niemand darüber gesprochen.»

«Du kannst es doch immer noch anregen. Schau einfach ins Internet unter blinde-kuh.»

÷

In der Klasse ging Alix nach vorn zur Tafel, nahm ein Stück Kreide und schrieb in großen, breiten Buchstaben: «Nie wieder Krieg». Die, die schon da waren, klatschten. Alle dreiunddreißig Schüler und Schülerinnen hatten gesammelt und Pakete gepackt, manche für sich allein, manche gemeinsam mit Klassenkameraden oder Geschwistern. Als Lehrer Ivan Fetscher zu Beginn der Stunde kam, lagen siebzehn Kartons vorn in einer Ecke des Klassenzimmers. Fetscher, der selbst auf Trauerfeiern so aussah, als lächle er ironisch, unterrichtete Deutsch. Er schaute auf die Tafel, ließ sich nicht ansehen, was er dachte, und sagte nach einer Weile:

«Nie wieder Krieg. – Ein starker Satz. Seid ihr damit alle einverstanden?»

Ein allgemeines Gemurmel deutete Zustimmung an.

«Und wer hat den Satz an die Tafel geschrieben?»

Alix, die in der Mitte des Raumes saß, meldete sich sofort: «Ich.»

«Kannst du die drei Worte noch ein bisschen ausführen?»

«Das ist doch klar. Nie wieder soll es Krieg geben. Und wir Deutschen sollen uns erst recht nicht mehr an Kriegen beteiligen.»

«Warum?»

«Im Krieg werden Leute umgebracht, Städte und Dörfer zerstört. Das sehen wir jeden Abend in den Nachrichten. Und es wird doch immer wieder gesagt, gerade wir Deutschen sollten aus der Geschichte

lernen. Den Zweiten Weltkrieg haben die Deutschen angefangen, und es sind fünfzig Millionen Menschen darin umgekommen! Krieg ist nackte Gewalt, und deshalb ist Krieg schlecht.»

«Mich würde interessieren, was für euch *Krieg* ist», sagte Fetscher.

Es kamen viele Antworten.

«Wenn Länder sich beschießen.»

«Wenn ein Streit zwischen Staaten nicht politisch, sondern mit Gewalt ausgetragen wird.»

«Wenn Freiheitskämpfer für die Demokratie gegen Diktaturen Krieg führen wie in Lateinamerika.»

«Es kann auch einen Bürgerkrieg geben wie in Bosnien, wo Serben, Kroaten und Moslems einander bekämpft haben.»

«Für mich ist es auch ein Krieg», sagte Alix schließlich, «wenn eine Regierung ihre Armee einsetzt, um aus einer Gegend des Landes einen Teil der Bevölkerung zu vertreiben wie im Kosovo.»

«Nie wieder Krieg», sagte Fetscher, «ist ein starker Satz. Ja, ein guter Satz. Unter diesem Motto haben Hunderttausende von Deutschen immer wieder für den Erhalt des Friedens demonstriert – und gegen die Aufrüstung mit immer mehr Raketen und Atomwaffen. Übrigens auch unser Außenminister Joschka Fischer hat unter dem Motto ‹Nie wieder Krieg› mitdemonstriert – damals allerdings noch in Turnschuhen. Aber der hat jetzt auch dem Beschluss unserer Regierung zugestimmt, deutsche Soldaten in den

Krieg um das Kosovo zu schicken. Findet ihr das
falsch – oder richtig?»
«Wenn man sagt», meldete sich Alix, «‹Nie wieder
Krieg›, dann muss das doch für alle und alles gelten.»
«Der Außenminister sagt jetzt aber etwas anderes. Es
müsse nicht nur heißen ‹Nie wieder Krieg› – sondern
auch ‹Nie wieder Srebrenica› oder ‹Nie wieder
Auschwitz›. Was meint er wohl damit?»
Schweigen. Dann fragte jemand: «Was ist *Srebrenica*?»
«Srebrenica ist ein Ort in Bosnien. Während des
Bürgerkriegs hatten sich in Srebrenica achttausend
moslemische Bosnier, Frauen, Kinder, alte Männer,
alles friedliche Bürger, vor den Truppen der serbischen Bosnier versteckt. Beschützt wurden sie von
holländischen Blauhelm-Soldaten. Blauhelme nennt
man Soldaten, die von den Vereinten Nationen geschickt werden, um für Frieden zu sorgen, und ihre
Helme sind in der hellblauen Farbe der Vereinten
Nationen, der UNO, angemalt. Nun hatten die
Blauhelm-Soldaten nicht das Recht von der UNO
erhalten, ihre Waffen zur Verteidigung dieser achttausend Menschen einzusetzen. Der militärische
Druck der Serben wurde immer größer, und der serbische General versprach dem höchsten Offizier der
Blauhelme, es werde den friedlichen Menschen
nichts geschehen. Die Blauhelme hätten es besser
wissen müssen. Aber sie sind abgezogen und haben
die achttausend Menschen den ihnen feindlich ge-

sinnten serbischen Militärs überlassen: Und die haben alle umgebracht. Alle achttausend. – Weil aber
Srebrenica vielen Leuten nicht bekannt ist, hat der
Außenminister dem Motto den Namen Auschwitz
gegeben. Was Auschwitz bedeutet, wisst ihr hoffentlich?»

«Das war eines der Konzentrationslager, in denen die
Deutschen während des Zweiten Weltkriegs Millionen von Juden in Gaskammern umgebracht haben»,
antwortete ein Schüler aus der letzten Reihe. Die
anderen schwiegen.

«Keiner weiß, ob man den Massenmord in Auschwitz
mit militärischen Mitteln hätte verhindern können»,
sagte der Lehrer, «aber die achttausend von Srebrenica wären heute noch am Leben, wenn die Blauhelme
sie nicht verlassen hätten. Und das soll nie wieder passieren. Das Motto ‹Nie wieder Auschwitz (Srebrenica)› heißt: Wir dürfen es nicht zulassen, dass noch
einmal ein Völkermord wie in Auschwitz (Srebrenica)
verübt wird, ohne dass wir eingreifen. Zur Not auch
mit Gewalt. Was übrigens zeigt, dass Gewalt nicht
immer etwas Böses sein muss.»

«Da bin ich aber anderer Meinung. Ich finde Gewalt
immer etwas Schlechtes», meldete sich noch einmal
der Schüler aus der letzten Reihe, und viele schienen
ihm zuzustimmen.

«Ihr sammelt doch gerade für die Kinder aus dem
Kosovo», meinte Fetscher. «Denen wird Gewalt angetan. Ihnen wird die Freiheit genommen, in ihrer

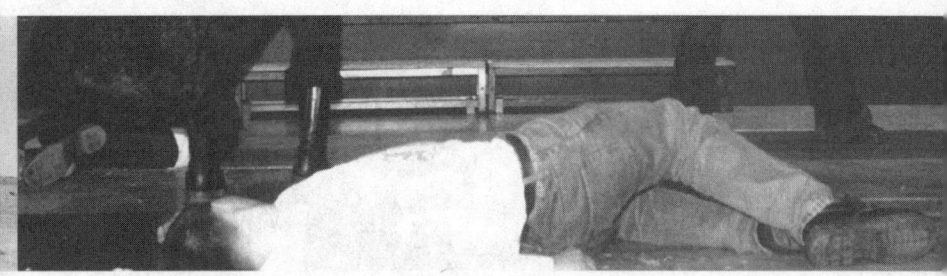

Heimat zu leben. Viele Menschen im Kosovo wurden misshandelt oder sogar umgebracht, nur weil sie einer Volksgruppe, den Albanern, angehören, die der serbischen Regierung in Belgrad nicht genehm ist. Nun sagten die Regierungen, die im Militärbündnis NATO zusammengefasst sind, sie wollten die Vertreibung und Ermordung dieser Leute verhindern. Das haben sie mit politischem Druck versucht, aber es hat die Regierung in Belgrad nicht beeindruckt. Daraufhin hat die NATO beschlossen, ihre Luftwaffe gegen die Armee aus Belgrad einzusetzen, die die Menschen aus dem Kosovo vertreibt. Damit führt die NATO, also auch Deutschland, Krieg, um Vertreibung und Völkermord zu verhindern – oder zu beenden. Anders scheint es nicht zu gehen. Da sind auch die – eigentlich friedlichen – Demokratien in einer Zwickmühle.

Da fällt mir was ein. Die Pakete, die ihr für die Kinder gepackt habt, werden doch in Hamburg in der Clausewitz-Kaserne eingesammelt. Kennt jemand diesen Clausewitz?»

«Das war doch bestimmt irgend so ein General.»

«Ein preußischer General, Carl von Clausewitz, der aber nicht wegen irgendeiner Schlacht berühmt wurde, sondern weil er vor mehr als hundertfünfzig Jahren ein auch heute noch weltweit beachtetes Buch geschrieben hat mit dem Titel ‹Vom Kriege›. Nach Clausewitz führt das Versagen der Politik zum Krieg. Und Krieg ist seiner Meinung nach ein Akt der Ge-

walt, mit dem wir den Gegner zur Erfüllung unseres
Willens zwingen wollen.
Um den eigenen Willen durchzusetzen, müsse der
Feind durch militärische Gewalt wehrlos gemacht
werden. Die NATO will, dass die Vertreibung und
Ermordung von Menschen im Kosovo aufhört. Und
bis die serbische Armee den Willen der NATO erfüllt, werfen die Flugzeuge der NATO Bomben und
schießen Raketen ab. Das ist Krieg, das ist Gewalt,
aber um Menschen zu retten. Man kann es auch Notwehr nennen.»
«Aber Notwehr ist doch etwas anderes!», protestierte
ein Schüler. «Notwehr ist doch kein Krieg. Notwehr
ist doch, wenn man sich gegen jemanden wehrt, der
einen angreift.»
«Gut. Es greift dich jemand mit einem Messer an.
Meinst du, es ist erlaubt, dich mit einer Metallstange
zu verteidigen?»
«Ja, warum nicht?»
«Jetzt will er auf dich einstechen. Schlägst du ihn
dann mit der Stange, selbst auf die Gefahr hin, ihn
sehr zu verletzen?»
«Bevor der mich umbringt, hau ich ihm auf die
Birne.»
«Aber das ist doch Gewalt!»
«In Notwehr.»
«Wenn nun jemand deine Schwester mit dem Messer
angreift, verteidigst du sie genauso mit der Metall-
stange?»

34

«Ist doch logisch! Das ist doch immer noch Notwehr, oder?»

«Notwehr ist auch Gewalt, allerdings erlaubte Gewalt», antwortete Ivan Fetscher. «Derjenige, der dich mit dem Messer angreift, der wendet verbotene Gewalt an, deshalb kann er wegen Körperverletzung bestraft werden. Derjenige, der sich in Notwehr verteidigt, wendet erlaubte Gewalt an, er kann dafür nicht bestraft werden.

Was nun dich als einzelnen Menschen betrifft, kann man auch in die große Politik übertragen. Es wird nur ein bisschen komplizierter: Alle Demokratien beschließen, die Menschenrechte als höchsten Wert anzuerkennen. Und zwar nicht nur für die Bürger ihres jeweiligen Staates, sondern für alle Menschen auf der Welt. Und dann sagen die Demokratien: ‹Nie wieder Auschwitz.› Wenn nun eine Regierung Völkermord begeht, dann werden diese Demokratien zur ‹Metallstange› greifen und die bedrohten Menschen verteidigen – und sei es mit einem Krieg.

Das Völkerrecht besagt, dass ein jedes Volk ein Recht auf Selbstverteidigung hat – auf Verteidigung wohlgemerkt, nicht auf Angriff. Ein Krieg zur Verteidigung des Rechtes der Menschen auf Selbstbestimmung kann deshalb gerechtfertigt sein, niemals aber ein Angriffskrieg, der den Menschen genau dieses Recht nehmen will.

Kriege scheinen so alt wie die Menschheit zu sein. Selbst nach dem verheerenden Zweiten Weltkrieg

gab es weltweit schon über hundert neue Kriege.
Allerdings keinen davon zwischen den Ländern der
Europäischen Union und den USA. Zwischen diesen
Demokratien scheint ein Krieg aufgrund ihrer weit-
gehenden politischen, wirtschaftlichen und kulturel-
len Vernetzung und der damit verbundenen Anglei-
chung der Lebensverhältnisse auch in Zukunft so gut
wie ausgeschlossen zu sein. Die weltweite Demokra-
tisierung und Verflechtung der Völker voranzutrei-
ben scheint daher der beste Schutz gegen den Krieg
zu sein.»
Da klingelte es, und die Stunde war vorbei, ohne dass
Fetscher die Hausarbeiten abgefragt hatte.

÷

Die Diskussion über das Thema ‹Gewalt› ließ Alix
den ganzen Vormittag über nicht los. Als um eins der
Gong ertönte, packte sie ihre Schultasche und ging
mit zwei Freundinnen in die Kantine, denn am Nachmittag fand die Englisch-AG statt.
Am Automaten zog sie einen Saft, und als sie Ivan
Fetscher allein an einem Tisch sitzen sah, ging sie
schnurstracks auf ihn zu, sagte, sie habe noch ein
paar Fragen, ob sie sich mit ihren Freundinnen hin-
setzen dürfe. Fetscher, der gerade ein großes Stück
von seinem Brötchen abgebissen hatte und mit vol-
lem Mund kaute, machte eine einladende Handbewegung.

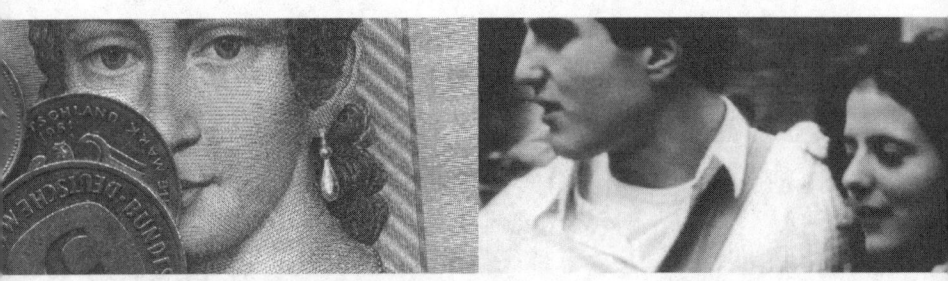

«Mir lässt das keine Ruhe», sagte Alix. «Kann Gewalt denn wirklich zwei Gesichter haben, ein gutes und ein böses?»

«Auf jeden Fall gibt es gesellschaftlich erlaubte und verbotene Gewalt», erklärte der Lehrer. «Was erlaubt und was verboten ist, das regeln die Moral und die Gesetze. Was ist denn deiner Meinung nach Gewalt?»

«Schläge, jemanden erschießen», sagte Alix.

«Eigentlich ist es ja auch schon Gewalt», meinte eine der Mitschülerinnen am Tisch, «wenn ein stärkerer Schüler einem kleinen droht, gib dein Taschengeld her, sonst zieh ich dir einen rüber.»

«Das ist verbotene Gewalt», sagte Fetscher. «Es gibt verschiedene Formen von Gewalt. *Gewalt* nennt man die Ausübung von Macht, indem man Zwang anwendet. Da gibt es die Gewalt zwischen den einzelnen Bürgern, und die ist häufig verboten. Und dann gibt es die Macht des Staates, die beruht auf erlaubter Gewalt. Da gibt es die Amtsgewalt, die richterliche Gewalt, die militärische Gewalt, die polizeiliche Gewalt.

Damit eine Demokratie funktioniert, benötigen die einzelnen Einrichtungen des Staates auch Gewaltmittel, um sich durchzusetzen. Am klarsten ist da noch die polizeiliche oder die militärische Gewalt zu verstehen. Aber auch ein Stadtrat kann in seinem Amt Gewalt ausüben.

Es gibt einen juristischen Begriff, der zeigt, dass

selbst ihr im Besitz von Gewalt seid: Ihr habt die *Verfügungsgewalt* über euer Eigentum. Das heißt, ihr – und niemand anders – dürft entscheiden, was aus dem, was mit dem, was ihr besitzt, geschieht.

Auf staatlicher Ebene unterscheidet man drei Gewalten. Die *gesetzgebende Gewalt (Legislative)* wird von den Parlamenten ausgeübt, bei uns in Deutschland also vom Bundestag und seinen Abgeordneten. Gesetze entstehen ja nicht von alleine und werden auch nicht einfach vom Bürgermeister oder der Regierung festgesetzt. Weil man aber auch nicht jedes Gesetz dem ganzen Volk zur Abstimmung vorlegen kann, wählt das Volk seine Vertreter in die gesetzgebende Versammlung – also den Landtag oder den Bundestag –, und die so gewählten Abgeordneten stimmen dann ab, was zum Gesetz gemacht werden soll.

Diese gesetzgebende Gewalt überprüft auch die Handlungen der Regierung, die über die *vollziehende Gewalt (Exekutive)* verfügt. Die Regierung nennt man deswegen vollziehende Gewalt, weil sie die wirkliche Macht hat: Ihr unterstehen die Behörden, die Polizei, die Armee. Sie treibt die Steuern ein und gibt das Geld aus. Die Regierung entscheidet, wo ein Krankenhaus gebaut wird, wo eine Brücke geschlagen, eine Straße ausgebessert oder auch eine Schule eingerichtet wird. Deine Mutter, Alix, kandidiert doch für den Gemeinderat. Das ist die Regierung der

Stadt. Wenn deine Mutter gewählt werden sollte,
dann kommt sie an die Macht.

Zwar hat eine Regierung die Macht, aber dennoch
darf sie nicht einfach alles tun, was sie will. Das fängt
schon damit an, dass die Abgeordneten im Bundestag
darüber abstimmen müssen, ob deutsche Soldaten in
einem Kampf eingesetzt werden dürfen oder nicht.
Das darf die Regierung nicht allein entscheiden. Und
die Regierung darf auch nicht selbstherrlich über die
Steuergelder verfügen, sondern muss sich ihre Aus-
gaben vom Parlament absegnen lassen.

Jede Regierung muss sich genauso an Gesetze halten,
wie jeder einzelne Bürger. Und das überprüfen die
Abgeordneten.

Diese Kontrolle ist in einer Demokratie wichtig,
damit – wie gesagt – die Regierung nicht einfach
macht, was sie will.

Nun kann es natürlich zwischen den Abgeordneten
und der Regierung zum Streit darüber kommen, ob
die Macht richtig ausgeübt worden ist oder ob die
Regierung bei der Ausübung der Macht gegen ein
Gesetz verstoßen hat oder nicht. In solch einem
Streit müssen dann möglicherweise die Gerichte
entscheiden. Und in den Gerichten steckt die dritte,
die *rechtsprechende Gewalt (Judikative)*. Die Aufgabe
der Gerichte ist es, dafür zu sorgen, dass Gesetze
eingehalten werden.»

«Es wäre doch aber viel einfacher, wenn die Regierung alles entscheiden könnte. Dann bräuchte man

nicht so viele Politiker. Früher, da gab's den König,
und der konnte dann alles entscheiden», sagte eine
der Schülerinnen, und alle lachten.

«Das ist ein schöner Traum. Da gäb es einen gütigen
und gerechten Monarchen, der regiert zu aller Zu-
friedenheit, und keiner braucht sich um die Politik zu
kümmern. So haben bisher immer diejenigen gedacht, die sich vor der Politik drücken wollten»,
meinte der Lehrer. «Aber solch eine Traumgestalt
hat es nie gegeben. Im Gegenteil, manch ein Bürger
hat sein Leben im Kampf für die Freiheit geopfert.
Denn die Fürsten haben den Bürgern die Freiheit
nicht freiwillig gegeben. Und um die Freiheit nun
nicht wieder irgendwelchen autoritären Politikern zu
überlassen, ist das komplizierte System der Gewaltenteilung ausgedacht worden.

Die *Gewaltenteilung* gründet auf der Idee der Menschenwürde und der Freiheit. Die Freiheit soll durch
die Trennung der Gewalten gewahrt werden. Wenn
nur einer die Macht hat, kann er damit machen, was
er möchte.

Das kennt ihr doch aus der Schule. Wenn in einer
Gruppe einer besonders stark ist, dann kann er mit
den anderen machen, was er will. Sind in der Gruppe
aber mehrere gleich stark und kontrollieren sich
gegenseitig, dann kann nicht ein Einzelner die anderen unterdrücken.

Und so ist das in einer Demokratie. Wenn nebeneinander mehrere gleichberechtigt Macht besitzen, kann

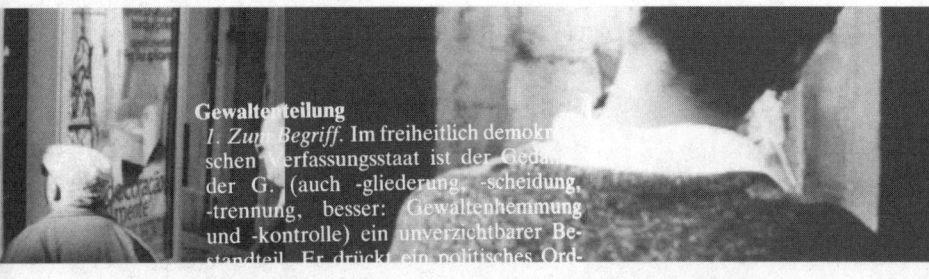

Gewaltenteilung
1. Zum Begriff. Im freiheitlich demokratischen Verfassungsstaat ist der Gedanke der G. (auch -gliederung, -scheidung, -trennung, besser: Gewaltenhemmung und -kontrolle) ein unverzichtbarer Bestandteil. Er drückt ein politisches Ord-

der eine dem anderen Schranken setzen. Die Gewaltenteilung ist also erfunden worden, um den Missbrauch der staatlichen Gewalt zu verhindern oder wenigstens erheblich zu erschweren.»

«Aber wäre es denn nicht denkbar, dass alle drei staatlichen Gewalten sich einmal darauf einigen, die Demokratie abzuschaffen und die Freiheit der Menschen zu beschränken?», fragte ihn eine Schülerin.

Da wusste nun aber Alix Bescheid: «Nein, in Deutschland sind die Freiheit und die Demokratie durch die Verfassung geschützt und dürfen nicht abgeschafft werden.»

«Richtig», sagte Fetscher, «nach der Erfahrung der Nazi-Diktatur wollten sich die Deutschen eine wehrhafte, *streitbare Demokratie* geben. Wer die freiheitlich-demokratische Grundordnung der Bundesrepublik gewaltsam abzuschaffen versucht, gegen den darf man mit Gewalt vorgehen. Und wenn der Staat dabei versagt, müssen die einzelnen Bürger mutig sein und um ihre Freiheit kämpfen.»

«Ich arbeite bei der Schulzeitung mit», sagte ein Mädchen, «und da hat jemand bei der Redaktionssitzung gesagt, die Presse sei die vierte Gewalt.»

«Ja, das sagt man seit einiger Zeit», antwortete Fetscher, «denn eine freie Presse kann alle drei staatlichen Gewalten mit kritischen Artikeln kontrollieren und damit die Bürger aufmerksam machen, wenn jemand die Macht missbraucht.

Eigentlich versteht man unter der vierten Gewalt

nicht nur die Pressefreiheit, sondern ganz allgemein die Meinungsfreiheit. Jeder Einzelne darf die Mächtigen kritisieren und kontrollieren. Den öffentlichen Meinungsstreit zu verbieten, einzuschränken, durch Zensur zu verhindern, würde leicht zur Diktatur der Mehrheit führen.»

Wenn die Pflicht ruft

Es war Samstagnachmittag. Catharina war verzwei-
felt vom Wahlkampf auf dem Marktplatz zurückge-
kommen, weil niemand daran gedacht hatte, das
Wahlprogramm rechtzeitig bei der Druckerei abzuholen. Nun hatten sie nichts verteilen können – ein
verlorener Tag, meinte Catharina, und natürlich sei
keiner schuld gewesen. Alix war den Tränen nahe,
weil der Hausmeister der Schule angerufen und mit-
geteilt hatte, der Lastwagen des Arbeiter-Samariter-
Bundes sei vorbeigekommen, um die Kartons für die
Kinder im Kosovo abzuholen, sei aber wieder abge-
fahren, weil niemand von den Verantwortlichen da
war.
Aber das Unangenehmste stand Friedrich bevor.
Als er nämlich aus seinem Sportgeschäft nach Hause
kam, wartete im Wohnzimmer Sven, der Trainer des
Schwimmvereins, mit einer Abordnung junger Sport-
lerinnen auf ihn. Und Friedrich ahnte gleich, dass sie
ihm wieder einmal den Vereinsvorsitz antragen wollten.
Friedrich war für die Schwimmer seiner Stadt immer
noch der große Held: Über Jahre hinweg konnte ihn
keiner aus dem Verein schlagen, dreimal hintereinan-
der wurde er Landesmeister im Freistil, und einmal

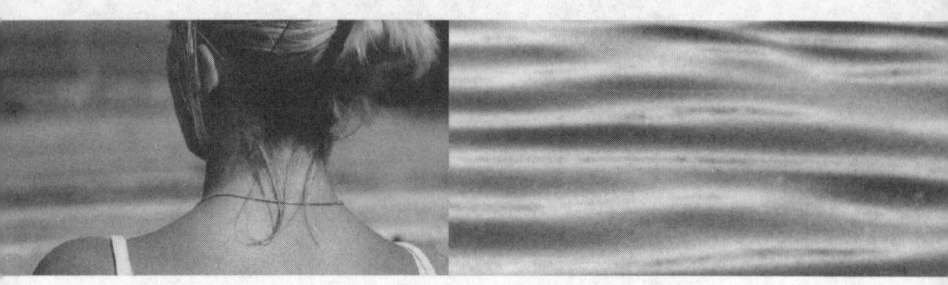

durfte er sogar mit der Nationalmannschaft ins Ausland reisen, allerdings ohne eine Medaille heimzubringen. Daraufhin gab er auf, blieb zwar Mitglied im Schwimmverein, doch seit einigen Jahren besuchte Friedrich die Versammlungen nicht mehr, vielleicht auch deswegen, weil alle ihn drängten, den Vorsitz zu übernehmen, was ihm gar nicht gefiel. Friedrich lehnte meist ohne wirklichen Grund ab und murrte nur, er habe mit dem Schwimmen abgeschlossen.

÷

«Wir haben ein wirkliches Problem», sagte Sven noch einmal und versuchte Friedrich die Gründe zu erklären, weshalb ein erfolgreicher Sportler wie er sich für den Nachwuchs einsetzen sollte:
«Oder wir haben gleich mehrere Probleme: Erstens bröckelt der Nachwuchs ab. Immer weniger Eltern melden ihre Kinder an. Zweitens haben wir in der Stadt sowieso ein Problem mit den Jugendlichen, die nicht so recht wissen, was sie mit sich anfangen oder wie sie ihre Freizeit totschlagen sollen, und drittens haben wir in einem Monat Neuwahlen des Vereinsvorstands. Du weißt genau, wer sich da um den Vorsitz bewerben will, aber wenn der das tut, dann platzt der Verein, und es wird gar nichts mehr passieren.»
Sie saßen seit einer Stunde zusammen, Friedrich hatte die Familienmitglieder gebeten, ihn mit Sven und den Schwimmerinnen allein zu lassen, und wei-

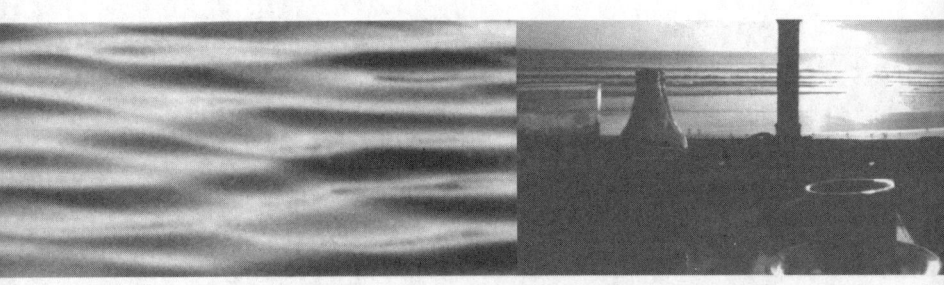

gerte sich standhaft. Er verstand Svens Sorge, denn der Gemeinderat Andreas Balk sammelte einen Vereinsvorsitz nach dem anderen, aber nur, um damit seine politische Machtbasis in der Stadt zu verbreitern. Mit jedem neuen Vorsitz waren mehr Leute von ihm abhängig, und da war es ihm ziemlich gleichgültig, wie gut der Verein seinen eigentlichen Zweck erfüllte. Ihm ging es um die älteren Mitglieder, die keinen Sport mehr trieben und für die ein paar Vereinsabende, bei denen man von früheren Heldentaten schwärmte, am wichtigsten waren. Und wenn dann Gemeindetratswahlen stattfanden, war es für die Vereinsmitglieder Ehrensache, für ihren Vorsitzenden zu stimmen. Deshalb – und nicht, weil er besonders kluge politische Ideen hatte – wurde Balk immer wieder gewählt.

Als Sven merkte, dass Friedrich auf keines seiner Argumente einging, wechselte er die Strategie: «Deinetwegen sind Yvonne, Lena und Katrin mitgekommen, unsere drei Schwimmstars im Verein», und zu ihnen gewandt: «Vielleicht könnt ihr Friedrich überzeugen.»

«Wir hören immer wieder die gleiche Antwort, wenn wir versuchen, andere zum Mitmachen zu überreden; da heißt es dann: ‹Bei euch ist doch nichts mehr los. Der Letzte, der noch was gebracht hat, war der Friedrich. Aber selbst der macht ja bei euch nicht mehr mit.› Und da können wir sagen, was wir wollen. Es heißt immer, wenn nicht einmal der frühere Lan-

desmeister mitmacht, dann ist der Verein auch nichts
mehr wert.»

«Außerdem bist du für viele von uns ein sportliches
Vorbild, das anspornt», fügte Lena hinzu. «Wenn
schon einmal jemand aus dem Verein Landesmeister
geworden ist, und das auch gleich dreimal hinterein-
ander, dann zeigt uns dein Erfolg, dass auch einer von
uns es vielleicht schaffen könnte.»

Katrin war im Wasser über fünfzig Meter nicht zu
schlagen, aber wenn sie reden sollte, hatte sie Hem-
mungen. Leise sagte sie: «Ihr Erwachsenen habt doch
eine Verantwortung für uns. Als du deine Wettkämpfe
geschwommen bist, hat dich der Verein ja auch unterstützt und haben dir andere geholfen. Und weil du für
die Jugend in unserer Stadt ein Star bist, kannst du
besonders viel tun, wenn du dem Verein wieder
Schwung gibst. Du weißt vielleicht gar nicht, welchen
Einfluss du noch hast. Meinst du nicht, dass du eine
Pflicht hast, uns zu helfen?»

Dass ein junges Mädchen den Begriff *Pflicht* ins Gespräch einbrachte, erstaunte Friedrich, und fast hätte
er locker und ironisch gesagt: «Pflicht ist out», wie
es seine Kinder dachten. Mit Pflicht hatte er früher
auch nicht viel am Hut, das klang ihm zu sehr nach
Befehl und Gehorsam. Aber er sagte nichts; denn
seitdem er für eine Familie verantwortlich war und
ein Geschäft leitete, wusste er, was Pflicht bedeuten
konnte: nicht aus Gehorsam handeln, sondern aus
Überzeugung.

Pflicht, rechtliches oder moralisches Ge-
bundensein an ein Tun aufgrund eines bestimmten Berufs oder einer bestimmten
Beziehung zu anderen Seienden (Gott,
Mensch, Tier usw.). Z. B. hat ein Arzt
die P̶f̶l̶i̶c̶h̶t̶,̶ d̶i̶e̶ v̶o̶n̶ P̶a̶t̶i̶e̶n̶t̶e̶n̶ e̶r̶h̶a̶l̶t̶e̶n̶e̶n̶

Friedrich fühlte sich jetzt unwohl, weil er keinen
ernsthaften Grund anführen konnte, weshalb er den
Vereinsvorsitz nicht übernehmen wollte. Drückte er
sich um seine Pflicht? Insgeheim gestand er sich ein:
Er war einfach nur zu faul. Aber er hätte sich nie ge-
traut, das zu sagen. Lieber saß er einen Abend lang
zu Hause und schaute fern oder trank sein Bier und
las Zeitung, als sich um einen Verein zu kümmern.
Obwohl, das war ihm bewusst, da wirklich vieles im
Argen lag, angefangen von der Nachwuchswerbung
bis hin zur Teilnahme an den Wettbewerben.
Da saßen ihm nun drei Schwimmerinnen gegenüber,
ein bisschen älter als Alix, und sie meinten es ernst.
Wäre Sven allein gekommen, hätte Friedrich ihn
grob abgebürstet. Aber das hatte der Trainer schon
häufig genug erlebt, weshalb er die drei Schwimmerinnen als Verstärkung mitgebracht hatte. Und Katrin hatte den ehemaligen Landesmeister an einer
empfindlichen Stelle getroffen, als sie von der *Pflicht*
sprach.
An die drei Schwimmerinnen gerichtet sagte Friedrich: «Also heute kann ich mich dazu nicht durchrin-
gen. Das muss ich mir alles noch einmal gründlich
überlegen. Die Wahl ist ja erst in einem Monat.»
Und dabei blieb er.

÷

Keiner hatte gute Laune, als sie beim Abendessen saßen. Catharina hatte telefoniert, bis sie wusste, wer vergessen hatte, zur Druckerei zu fahren, aber das änderte jetzt auch nichts mehr; morgen, am Sonntag, würden sie Wahlkampf ohne ihre Programme machen müssen. Alix hatte zumindest herausgefunden, dass niemand gewusst hatte, wann der Lastwagen die Pakete für die Kinder im Kosovo abholen würde, und es war auch nicht allzu schlimm, denn er würde in einigen Tagen noch einmal vorbeikommen. Friedrich sagte gar nichts. Und weil der Vater nur ab und zu missmutig in die Runde schaute, versuchte Felix, die beklemmende Stimmung mit einer Frage aufzulockern:

«Machst du das denn nun – mit dem Schwimmverein?»

Catharina schaute halb erschrocken, halb verwundert auf; denn der Schwimmverein war ein Tabu in der Familie. Zu häufig war der sonst so friedliche Friedrich deshalb schon explodiert. Friedrich schaute Felix an, holte tief Luft, atmete langsam aus, wiegte den Kopf mit leichten Bewegungen mehrmals hin und her und sagte:

«Das war ganz heftig – heute Nachmittag. Sven ist schon ein raffinierter Bursche.»

«Was hat er gesagt?», fragte Catharina.

«Getroffen hat mich, als Katrin sagte, ich hätte die Pflicht, mich um den Verein zu kümmern. Die Pflicht!»

«Was ist daran so schlimm?», fragte Felix.
«Weißt du, was Pflicht bedeutet?»
«Dass man etwas machen muss.»
«Ja, aber warum muss man es machen?»
«Weil's Pflicht ist.»
Alle vier lachten. Alix wollte gleich zum Computer laufen und im Wörterbuch nachschlagen, was dort über den Begriff *Pflicht* stand, doch Catharina hielt sie zurück:
«Pflicht klingt zwar sehr streng, aber wenn man genau nachdenkt, dann ist Pflicht gar nichts Schlimmes, sondern freiwilliger Gehorsam.»
«Freiwilliger Gehorsam? Ist das nicht ein Widerspruch?», fragte Alix.
«Nein, schon gar nicht in einer Demokratie. Was heißt denn gehorchen?»
«Etwas tun, wenn es einem befohlen wird», rief Felix.
«Nicht nur. Man kann einem Befehl natürlich aus Angst vor Strafe gehorchen, aber man kann ihm auch aus der Einsicht heraus gehorchen, dass er richtig und vernünftig ist. So ein Befehl muss gar nicht immer eine direkte Anordnung sein, oft handelt es sich dabei um ein unausgesprochenes moralisches Gebot.»
«Meinst du jetzt die Zehn Gebote?», fragte Felix.
«So ähnlich. Denn jene Gebote gelten ja für all diejenigen, die nicht an den Gott der Bibel glauben. Nimm als Beispiel das Gebot ‹Du sollst nicht steh-

len› oder ‹Du sollst nicht lügen›. Diese Regeln gelten auch, wenn du Atheist oder Buddhist bist oder an irgendeinen Sonnengott glaubst wie einst die Inkas. Nicht Gott befiehlt, sondern du gehorchst einem moralischen Gebot, von dem du weißt, dass es richtig ist. Stehlen ist verboten, so lautet das Gebot, aber das steht auch im Gesetz – im Strafgesetz.»

«Ist Lügen auch verboten?», fragte Felix.

«Ja. Man soll immer die Wahrheit sagen. Zwar wird, wer lügt, noch nicht gleich vor Gericht bestraft. Aber moralisch gesehen ist Lügen falsch.»

«Aber manchmal sagt man doch die Unwahrheit, weil man höflich sein will», meinte Alix. «Wenn Großmutter mir wieder zum Geburtstag diese grässlichen Strümpfe schenkt, dann kann ich doch schlecht sagen, wie fürchterlich ich sie finde.»

«Das nennt man Notlügen», sagte Friedrich, «und die hat selbst der strenge Herr Kant erlaubt. Und der hat sich viele Gedanken über moralisches Verhalten gemacht; über seinen kategorischen Imperativ haben wir ja bereits gesprochen.»

«Was heißt denn *moralisch*?», wollte Felix wissen.

«In der Moral sind all jene Regeln festgehalten, die sich eine Gemeinschaft gegeben hat, damit sie gut funktioniert. Manche dieser Regeln sind dann später zu Gesetzen erhoben worden. Aber es gibt auch moralische Regeln, die kein Gesetz sind, aber dennoch eingehalten werden müssen.»

«Erinnerst du dich noch an die Goldene Regel, über

die wir im Zusammenhang mit Kants kategorischem Imperativ gesprochen haben?», fragte Alix ihren Bruder.

«Klar: ‹Was du nicht willst, dass man dir tu, das füg auch keinem andern zu.›»

«Na siehst du, das ist die Grundlage allen moralischen Handelns.»

«Aus dieser Regel kann man gut den Begriff Pflicht erklären», sagte Friedrich. «Du willst nicht, dass man dich bestiehlt, deshalb sollst du auch niemandem etwas wegnehmen. Da befiehlt dir niemand etwas, außer deiner Einsicht, dass du so handeln musst, wie es die Goldene Regel lehrt. Entsprechend der Pflicht zu handeln bedeutet also nichts anderes, als sich daran zu halten, richtig zu handeln.»

«Kann man sagen: Man gibt sich selbst einen Befehl?», fragte Felix.

«Ja, das ist nicht falsch», antwortete Friedrich. «Ich will dir mal ein Beispiel geben, wie die Moral funktioniert. Was machst du, wenn wir Flaschen oder Zeitungspapier als Müll haben?»

«Die trage ich zum Glas- oder Papiercontainer.»

«Es wäre doch bequemer, sie in den Müll zu werfen.»

«Aber das wäre doch Umweltverschmutzung!»

«Na und?»

«Wir dürfen doch die Natur nicht zerstören, deshalb müssen wir für die Umwelt sorgen.»

«Würdest du es eine Pflicht nennen, Flaschen in den Glascontainer zu werfen?»

«Ja, sicher.»

«Dann hast du die Einsicht, dass es richtig, dass es gut ist, durch deine Handlung die Natur zu schützen. Du gehorchst dieser Einsicht, weil du sagst, jede andere Handlung – Flasche in den Müll oder in den Garten des Nachbarn – ist schlecht. Es gibt also nur eine einzige richtige Handlung: den Weg zum Container. Du handelst doch freiwillig, oder?»

«Na ja, der Weg ist schon manchmal lästig», gab Felix zu, «aber du hast Recht. Ich würde die Flaschen nie in den Mülleimer werfen.»

«Machst du das nur deinetwegen?», fragte Catharina.

«Nee, wegen der Natur.»

«Du willst die Natur schonen, damit sie heil ist für die Menschen, die jetzt leben, und die, die nach uns kommen. Du handelst also für die Menschheit.»

«Ach du lieber Gott», fuhr es aus Felix hervor, «und dabei will ich doch nur 'ne Flasche wegwerfen.»

«Aber siehst du», erklärte ihm Catharina, «selbst ganz kleine, eigentlich alltägliche Dinge werden von der Moral gelenkt, haben mit Einsicht, also mit Wissen, mit Pflicht und Gehorchen zu tun. Und das Wichtigste ist sowieso: Moralisch handelt nicht, wer etwas für sich tut, sondern nur, wer etwas für die anderen, für die Gemeinschaft tut. Und damit kommen wir zu der Frage, was es heißt, Friedrich habe die Pflicht, sich um den Schwimmverein zu kümmern.»

«Hör auf!», rief Friedrich halb gequält, halb lachend und machte Anstalten, den Tisch zu verlassen. Aber

er holte nur ein frisches Bier für Catharina und sich, hebelte den Deckel von der Flasche und verkündete: «Dann darf ich aber auch anfangen. Ich habe vor kurzem einen Comic gelesen. Da geht der kleine Calvin zu seiner Lehrerin, hält ihr ein Stück Papier hin und sagt:

‹Bitte unterschreiben Sie das.›

Die Lehrerin setzt sich die Brille auf, schaut auf das Papier und fragt: ‹Was soll das denn?›

‹Das ist ein Vertrag, in dem Sie sich verpflichten, mir später jeden Verdienstausfall zu bezahlen, weil ich in der Schule nichts gelernt habe.›

‹Wenn du nichts lernst, dann liegt es nur an deiner Faulheit›, antwortete die Lehrerin und schickte Calvin zurück an seinen Platz. Da saß er dann wütend und überlegte:

‹Irgendjemand muss doch dafür aufkommen, wenn ich nichts lerne.›»

«Krass», rief Felix, «so ’nen Vertrag will ich auch!»

«Und wer bezahlt dann deinen Lebensunterhalt?», fragte ihn Catharina.

«Den bekomme ich doch nach diesem Vertrag von der Lehrerin.»

«Die verdient doch auch gerade mal so viel, wie sie selbst braucht.»

«Dann die Schule.»

«Die Schule hat dafür auch kein Geld.»

«Dann der Staat!»

«Der Staat hat gar kein eigenes Geld. Der bekommt

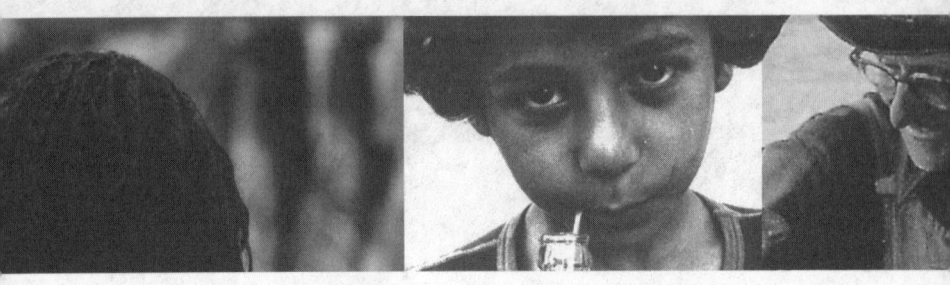

nur das Geld, das Leute wie deine Eltern verdienen und dann als Steuern abgeben müssen. Wenn der Staat also Geld ausgibt, dann ist es unser hart verdienter Lohn, und da wollen wir Bürger nicht, dass damit faule kleine Jungs ihr Leben lang bezahlt werden, weil sie zu bequem sind zu lernen.» Alix und Felix sagten dazu nur «schade» und «uncool» und lachten.

«Calvin vergisst», fuhr Friedrich fort, «dass jeder Mensch erst einmal sich selbst gegenüber verpflichtet ist. Das heißt nichts anderes als: Jeder muss für sich selbst sorgen. Er muss sich um seine Gesundheit kümmern, was eigentlich auch bedeutet ...», Friedrich hob sein Bierglas, «... nicht so viel Alkohol trinken oder andere Drogen nehmen, dass man davon krank wird. Was könnt ihr euch denn vorstellen, was noch zur Pflicht gegen sich selbst gehört?»

«Zähne putzen, Fingernägel putzen, Schuhe putzen», sprudelte es aus Felix hervor. Alix stöhnte.

«Na ja, so ganz falsch ist das nicht. Der Philosoph Kant unterscheidet den Menschen vom Tier, indem er sagt: Der Mensch ist erstens verpflichtet, sich selbst, seine Natur, also seinen Körper instand zu halten.»

«Sport machen!»

«Schwimmverein!»

«Dahin kommen wir noch», beruhigte Catharina die beiden.

«Und da der Mensch im Gegensatz zu einem Hund denken kann, ist er zweitens verpflichtet, zu lernen

und sich zu bilden. Denn der Mensch kann seine
Handlungen nur dann richtig einschätzen, wenn er
über genug Wissen verfügt. Lernen bedeutet, sich
die Welt, die Zukunft aus eigener Kraft öffnen. Nicht
lernen heißt: faul in seiner Schulbank sitzen und
erwarten, dass die anderen alles für einen tun.»

«Kommen wir jetzt zu dem, was Katrin meinte, als
sie Friedrich vorwarf, er habe doch die Pflicht, den
Vorsitz im Schwimmverein zu übernehmen», sagte
Catharina. «Jeder ist ja nicht nur sich selbst gegenüber verpflichtet, sondern als Mitglied einer Gemeinschaft hat jeder auch eine Pflicht gegenüber den
anderen. Eine Gemeinschaft ist eine Gruppe von
Leuten – schon wir als Familie sind eine Gemeinschaft. Dann gibt es die Gemeinschaft der Straße, des
Viertels, der Stadt bis hin zum ganzen Land.
In der Familie haben die Eltern eine Pflicht gegenüber den Kindern, sie zu ernähren, zu erziehen, für
ihr Wohl zu sorgen. Und wenn wir alt und gebrech-
lich sind – und ihr groß und erwachsen –, haben die
Kinder eine Pflicht gegenüber den Eltern, ihnen zu
helfen. Und so, wie es im Kleinen in der Familie
abläuft, so ist es im Großen in jeder Gemeinschaft.»
Alix warf ein: «Der ermordete amerikanische Präsident John F. Kennedy hat mal gesagt: ‹Frag nicht,
was dein Land für dich tun kann, frag, was du für
dein Land tun kannst.›»

«Ein kluger Satz», sagte Catharina. «Es denken
leider nur viel zu wenig Leute so. Dabei hat jeder die

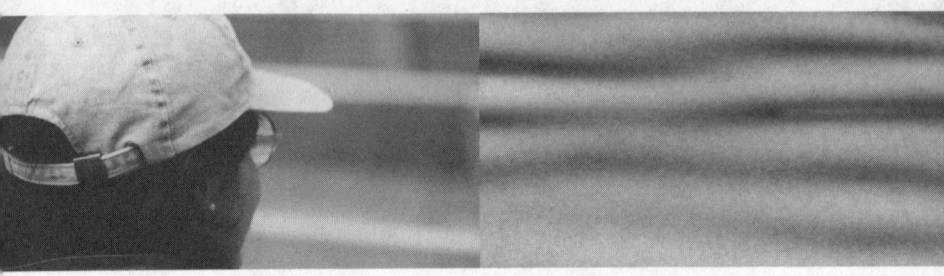

Pflicht, soweit er kann, sich für das gute Gelingen des Zusammenlebens einzusetzen. Das muss ja gar nicht viel sein. Wir setzen uns alle für das gute Gelingen des Zusammenlebens ein, wenn wir die Umwelt schützen.»

«Die Flaschen in den Container werfen!», meldete sich Felix.

«Ja. Und wenn ich mich jetzt darum bewerbe, in den Gemeinderat gewählt zu werden, dann auch, weil ich meine, eine Pflicht zu haben. Ich bin der Meinung, dass die Stadt mehr für die Jugend tun muss. Und wenn es zu wenige gibt, die das im Gemeinderat vertreten, dann will ich dafür sorgen, dass sich das ändert.

In einer Demokratie übernehmen die Bürgerinnen und Bürger die Verwaltung der Gemeinschaftsaufgaben selbst. Dafür schaffen sie Rathäuser, Behörden, Ministerien, all das, was man den Staat nennt. Der Staat wird der Gemeinschaft nicht von oben aufgestülpt, er steht also nicht über den Bürgern, sondern umgekehrt: Die Bürger sind Herren des Staates.

Und wenn den Bürgern der Zustand des Staates nicht gefällt, dann sollten sie für eine Verbesserung sorgen. So lautet die Pflicht eines jeden. Deshalb kandidiere ich.»

«Klasse – wir wählen dich sofort!», erklärte Alix.

«Du darfst ja noch gar nicht wählen», rief Felix.

«Aber in zwei Jahren – mit achtzehn! Und du erst in sechs.»

«Aber muss sich dann nicht auch Friedrich um den Schwimmverein kümmern?», lenkte Felix ab.

«Es ist immer die Frage, wie viel man machen kann», antwortete Friedrich. «Schließlich habe ich mit dem Geschäft schon genug Arbeit am Hals.»

«Ich gieß dir jetzt noch einen Calvados ein», meinte Catharina, «und dann können wir ja mal über die Verantwortung eines Vorbilds gegenüber der Jugend sprechen!»

Friedrich seufzte. Er sah voraus, welche Wendung das Gespräch nehmen würde, und das gefiel ihm gar nicht.

«Ist denn Pflicht dasselbe wie *Verantwortung*?», fragte Alix.

«Nun ja», antwortete Catharina. «Man sollte nie engstirnig oder kurzsichtig seine Pflicht tun, sondern immer die Folgen des eigenen Handelns für die Gesellschaft bedenken, und das nennt man dann Verantwortung. Wenn ich meiner Bürgerpflicht nachkomme, für den Gemeinderat kandidiere und gewählt werde, dann bin ich den Wählern gegenüber verantwortlich. Verantwortung bedeutet, dass eine Person für die übernommene Aufgabe zur Rechenschaft gezogen wird, etwa vom eigenen Gewissen, den Mitmenschen oder sogar von einem Gericht.»

«Das gilt ja nicht nur für Politiker, sondern für alle», sagte Friedrich, der an seinem Calvados nippte.

«Denkt mal an die Wissenschaft. Da werden heute ja die unglaublichsten Dinge erforscht, ohne dass man

hinterher weiß, ob auch Vernünftiges dabei raus-
kommt. Die Wissenschaftler, die einst die Atombom-
be erfunden haben, dachten dabei nur daran, eine
Waffe zu entwickeln, die den Faschismus der Nazis,
das Dritte Reich und Adolf Hitler vernichten könnte.
Hinterher haben sie bereut, was sie geschaffen hatten, aber da war die Bombe bereits in den Händen
von Politikern und Militärs. Die ließen zwei Bomben
über Japan abwerfen, und allein diese beiden Atom-
bomben töteten mehr als hundertzwanzigtausend
Menschen.»

«Aber denk doch auch mal, wie verantwortungslos
manche Menschen sind», fügte Alix hinzu, «wenn sie
alte Stinkpötte über die Meere schicken, die dann aus-
einander brechen und eine Ölpest verursachen, die
Vögel und Fische und was alles im Meer lebt, tötet.»

«Hat Friedrich denn nun die Pflicht, zum Schwimmverein zu gehen, oder nicht?»

«Also gern tu ich's nicht», sagte Friedrich, der sich
auf verlorenem Posten wusste, da er keine überzeu-
genden Gründe anführen konnte, weshalb er sich
stets weigerte, den Vereinsvorsitz zu übernehmen.
Denn er traute sich selbst im kleinen Kreis der Familie nicht, seine Bequemlichkeit offen zuzugeben.

«Man kann leicht unterscheiden zwischen den Dingen, die man gern tut, und denen, zu denen man sich
verpflichtet fühlt. Obwohl sich auch mit der Pflicht
eine Lust einstellen kann.» Catharina sah Friedrich
so streng an, wie sie in politischen Versammlungen

auftreten konnte, wenn jemand eine andere Meinung vertrat als sie. «Aber nun kommt ja auch noch dazu, dass Friedrich für viele junge Leute, und vielleicht nicht nur die, ein Vorbild ist. Was er als Sportler geleistet hat, könnte sie anspornen. Eigentlich hat auch er die Pflicht, sich für die Gemeinschaft einzusetzen. Es muss ja nicht gleich jeder in die Politik, es gibt viele andere gute und *gemeinnützige Aufgaben*, die man je nach seinen Gaben, Fähigkeiten – ja, und auch Launen – übernehmen kann.

Tja, lieber Friedrich, ich denke, du müsstest dir überlegen, ob du diese Aufgabe nicht doch übernehmen solltest. Du bist schließlich der Einzige, der den Verein wieder auf Vordermann bringen und junge Leute für den Schwimmsport begeistern könnte. Und so, wie ich mich in den Gemeinderat wählen lassen will, um dort für die Einrichtung eines Jugendhauses zu kämpfen, so könntest du für die Jugend eintreten als Vorsitzender des Vereins.»

«Ach, Catharina», seufzte Friedrich. «Wann soll ich das denn machen? Du weißt doch, dass ich manchen Abend vor acht das Geschäft nicht schließen kann. Und das bisschen Zeit, das ich habe, möchte ich lieber mit euch verbringen.»

«Aber dann kämen doch alle Sportler bei dir im Geschäft einkaufen», meinte Felix ganz aufgeregt, «das wär doch klasse.»

«Halt, halt», sagte Catharina, «wer etwas für sein Land tun will, wie es Kennedy forderte, der darf

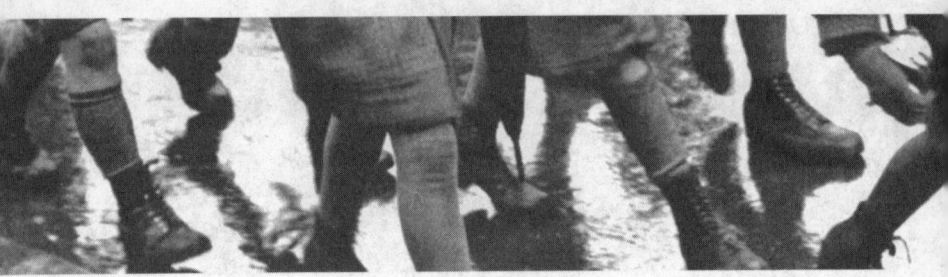

nicht in erster Linie an seinen eigenen Vorteil denken. Die Gesellschaft achtet eine Person besonders
dann als moralisch hoch stehend, wenn sie sich im
Konfliktfall gegen ihre persönliche Neigung zuguns-
ten der Pflicht, also des Wohls der Gesellschaft, entscheidet. Wenn es nun so wäre», und da grinste Catharina ein wenig ironisch, «dass Friedrich persönlich
nur zu faul wäre …»
«Wie kommst du denn darauf?», rief Friedrich
ärgerlich, während Felix und Alix versteckt lachten.
«… ich kann mir das natürlich gar nicht vorstellen,
aber nehmen wir mal das völlig Unwahrscheinliche
an, nämlich, dass du deine ganz private, persönliche
Faulheit besiegen und die Verantwortung für den
Schwimmverein übernehmen würdest; dann hättest
du dich für das Wohl der Gemeinschaft entschieden.»
Catharina war unsicher, ob sie nicht zu weit gegangen war. Doch Friedrich lächelte entspannt, nahm
noch einmal die Flasche mit dem Calvados und sagte
entschuldigend:
«Morgen ist ja Sonntag, da können wir ausschlafen.»
Damit war das Thema Schwimmverein vorerst erle-
digt. Aber Alix hatte noch eine Frage zur Verantwortung:
«Bei uns in der Klasse hat jemand gesagt, alle Deutschen würden für immer die Verantwortung tragen
für die Nazis und die Ermordung der Juden in den
Konzentrationslagern. Stimmt das? Es gäbe so was
wie eine *Kollektivschuld*.»

Friedrich sagte nein, während Catharina im gleichen Augenblick ja sagte.

«Was denn nun?», fragte Alix ein wenig verunsichert. Friedrich und Catharina redeten wieder gleichzeitig durcheinander, bis Friedrich den Gentleman spielte, mit einer angedeuteten großen Verbeugung und einer ausladenden Handbewegung der Mutter den Vortritt gab. Sie fragte ihn:

«Was meinst du mit nein?»

«Ich meine, es gibt keine Kollektivschuld. Schuldig ist immer nur der jeweilige Täter. Wer Unrecht getan hat, der ist schuldig. Aber doch niemand, der erst hinterher geboren worden ist.»

«Von den rund achtzig Millionen Menschen, die im Dritten Reich in Deutschland lebten, haben die allermeisten gar nichts getan. Und trotzdem, wenn man sie zur Verantwortung zieht, wird man feststellen, es trifft sie eine gewisse Schuld.

Der ehemalige Bundespräsident Roman Herzog hat einmal gesagt, die Lehre aus dem Dritten Reich und den Konzentrationslagern sei: ‹Man ist nicht nur verantwortlich für das, was man tut, sondern auch für das, was man geschehen lässt.› Das ist sicherlich ein hartes Wort, aber es ist richtig.

Wer in einem Land lebt, in dem Unrecht geschieht, der ist als Mitglied der Gesellschaft verpflichtet, denjenigen zu helfen, denen dieses Unrecht angetan wird. Und das war im Dritten Reich unter den Nazis sicher nicht leicht. Denn wer einem Juden oder einem poli-

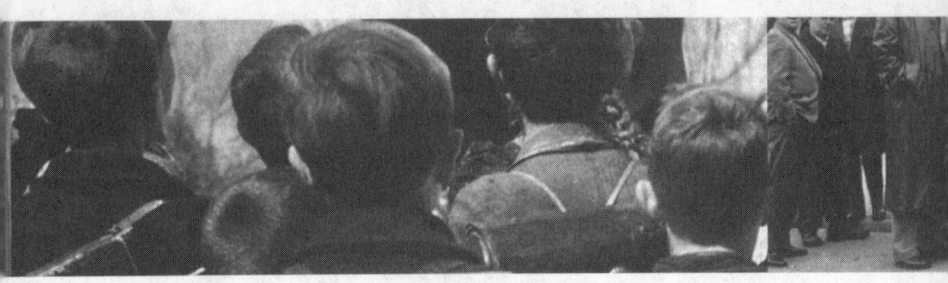

tisch Verfolgten half, der wurde selber hart bestraft. Es
gab eine ganze Menge tapferer Frauen und Männer,
die geholfen und so manchen versteckt haben. Aber
Millionen andere haben geschwiegen. Und die sind
verantwortlich, weil sie es geschehen ließen.
Die Verantwortung, die man für seine Mitmenschen
hat, kann so weit gehen, dass man sogar sein eigenes
Leben riskieren muss. Und unter den Nazis haben
das auch manche getan. Da wurden Soldaten im
Krieg aufgefordert, Frauen, Kinder oder Menschen
jüdischen Glaubens zu erschießen. Die meisten haben gehorcht, gesagt, sie täten ihre Pflicht, obwohl
das Wort Pflicht hier ganz falsch benutzt wird. Und
dann gab es doch einige verantwortlich denkende
Menschen, die haben sich geweigert, den Schießbefehl
auszuführen. Die sind dafür hart bestraft worden.
Wer aber zuschaute und nichts tat, der hat sich schuldig gemacht. Das gibt auch ganz offen der ehemalige
Bundespräsident Richard von Weizsäcker zu. Er leistete 1938 in Berlin seinen Wehrdienst ab und hat mal
erzählt, wie er die Pogromnacht am 9. November erlebt hat. Er ist damals mit dem Fahrrad um die Ge-
dächtniskirche gefahren und hat gesehen, wie jüdische
Geschäfte geplündert wurden. Ich war beeindruckt,
als ich hörte, dass er dazu sagte: ‹Wir waren eine
große, schweigende Masse von Zuschauern, die nichts
gesehen und nichts getan hat.› Und damit erklärt auch
er sich in dieser Masse für mitverantwortlich.
Aber niemand, der zu jener Zeit ein Kind war oder

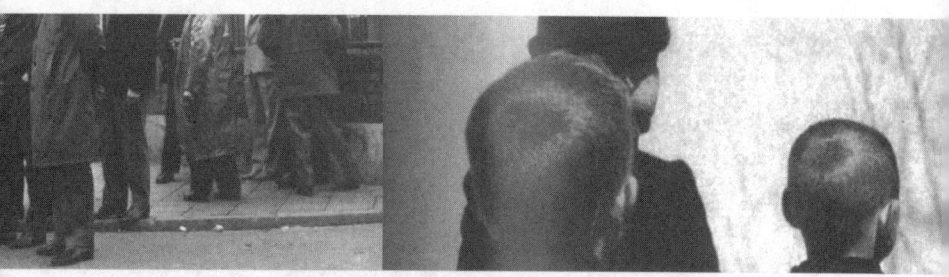

erst nach Ende des Zweiten Weltkrieges geboren
wurde, kann schuldig sein. Schuldig wird man nur
durch eine Tat oder eine unterlassene Hilfeleistung.
Ihr könnt also gar nicht schuld an den Verbrechen
eurer Vorfahren sein, aber ihr, wir alle haben eine
Verantwortung für unsere Mitmenschen.
Selbst ein Soldat darf sich heute nicht mehr darauf
berufen, dass er nur seine Gehorsamspflicht erfüllt,
wenn er auf Befehl andere Menschen erschießt. Im
Dritten Reich haben die meisten Männer noch aus
einem falsch verstandenen Pflichtgefühl heraus solche Befehle ausgeführt und friedliche Männer, Frau-
en und Kinder erschossen. Wer sich weigerte, wurde
zwar bestraft. Aber die Verantwortung für einen anderen bedeutet, zur Not sein eigenes Leben auf das
Spiel zu setzen, um das Leben des anderen zu retten.
Damit aber solche unmenschlichen Befehle nie mehr
ausgeführt werden müssen, haben die Soldaten in der
Bundeswehr heute nicht nur das Recht, sondern sogar die gesetzliche Pflicht, einen Befehl zu verweigern, wenn seine Ausführung ein Verbrechen wäre,
gegen die Verfassung verstieße oder die Gebote von
Menschlichkeit und Gerechtigkeit verletzte.»
Nach dieser langen Ausführung waren sie wieder in
der Gegenwart angekommen. Catharina und Fried-
rich ölten ihre trockenen Kehlen mit einem letzten
Schluck Calvados und verkündeten dann gleichzeitig:
«Jetzt aber ins Bett, ihr zwei!»

Die Augenbinde von Justitia

Ox stand vor seinem Schrank und überlegte, was er anziehen sollte. Als Einziger aus der zwölften Klasse hatte er heute Vormittag schulfrei, aber darüber freute er sich nicht, denn Ox musste vor Gericht erscheinen. Es war dumm gelaufen.
Ox und TX waren im Februar, als es abends um sechs schon dunkel war, mit ihren Spraydosen über die Schienen gestolpert, nachdem sie mühelos den zwei Meter hohen Zaun des Eisenbahndepots überwunden hatten. Die Wagen der ganz neuen S-Bahn ließen sie links liegen, denn die waren mit einer Legierung versiegelt, auf der Graffiti kaum noch hafteten. Doch es dauerte keine fünf Minuten, da fanden sie einen älteren Wagen, der erst vor kurzem geputzt worden war – eine ideale Fläche für ihr Vorhaben. Ox sagte zu TX:
«Komm, wir teilen uns den Wagen auf. Du fängst da hinten an, ich hier.»
TX zog sofort ab. Ox atmete einmal tief durch und überlegte, wie er diesmal seine beiden Buchstaben anordnen und einrahmen sollte. Dann nahm er die erste Spraydose zur Hand, sprühte, wartete kurz, bis

die Farbe trocknete, griff zur nächsten Dose, sprühte
erneut und so fort. Keine zwanzig Minuten später
trat er einen Schritt zurück und betrachtete sein O –
gute Arbeit.

Ox wollte gerade zum X ansetzen, da sah er aus dem
Augenwinkel TX mit erstarrten Händen wie einge-
froren vor seiner Arbeit verharren, hinter ihm ein
Wachmann mit einem großen Hund an der Leine.
«Verdammt», dachte Ox, aber bevor er noch reagie-
ren konnte, hörte er die Aufforderung:
«Mach keinen Trouble! Ganz ruhig.»
Hinter Ox kam ein zweiter Wachmann über die
Gleise, auch er mit Hund. Ox wurde plötzlich kalt.
Er wusste, diesmal würde es nicht so glimpflich abge-
hen wie das erste Mal, als sie ihn erwischt hatten.
Die Eltern hatten Ox angeboten, ihn zur Verhand-
lung zu begleiten, doch das hatte er abgelehnt,
obwohl er sich insgeheim jemanden wünschte, der
ihn vor dem Ungewissen bewahrte, das ihn jetzt bei
Gericht erwartete und wovor er, was er noch nicht
einmal sich selbst zugab, ganz einfach Angst hatte.
Aus der hintersten Ecke seines Schrankes kramte er
sein einziges weißes Hemd hervor; sein schwarzes
Lieblingssweatshirt mit dem rot aufgestickten OX
würde heute zu Hause bleiben.

÷

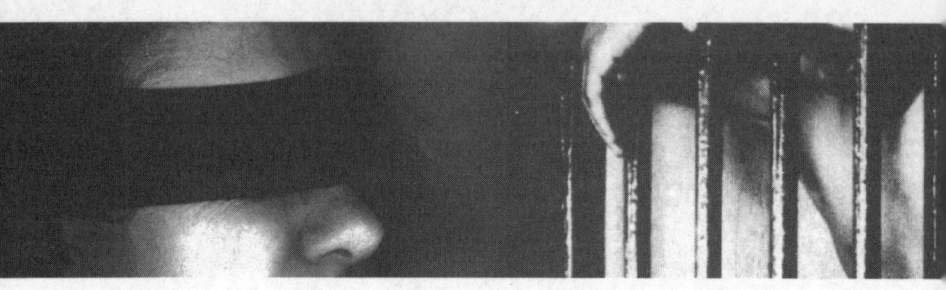

Die meisten Gerichte sind vor hundert Jahren gebaut worden, und damals wollte die Staatsmacht die Bürger beeindrucken, sie einschüchtern, um sie untertänig und gefügig zu machen. Deshalb sind Gebäude von gewaltigem Ausmaß errichtet worden, und hinter dem Eingang liegt meist eine hohe, dunkle Wandelhalle, von der aus eine breite Treppe in die oberen Stockwerke führt. Der Mensch, besonders wenn er Beschuldigter ist, fühlt sich ganz klein, ein Gefühl, das zu erwecken wahrscheinlich auch einer der Hintergedanken der Justizbehörden war.

Und selbst nach mehr als einem halben Jahrhundert gelungener Demokratie in der Bundesrepublik drängt sich dieses Gefühl immer noch auf. Felix verhielt sich deshalb auch ganz ruhig, als er mit seiner Klasse und Lehrer Bolle durch die dunkelbraune Eingangspforte in die Wandelhalle trat.

Bolle hatte an diesem Vormittag einen Besuch auf dem Gericht in den Lehrplan aufgenommen und versammelte die Schülerinnen und Schüler vor der Treppe, die auf halber Höhe, wo die Stufen sich nach links und rechts teilten, von einer großen steinernen Statue beherrscht wurde. Sie stellte eine Frau dar, bekleidet mit einem langen fließenden Gewand, das ihre kräftigen Brüste knapp verdeckte. Mit aufrechtem Körper streckte sie den linken Arm nach vorn und hielt in der Hand eine alte Waage, deren beide Schalen sich ausgewogen auf gleicher Höhe befanden. In der Hüfte stützte sie die angewinkelte

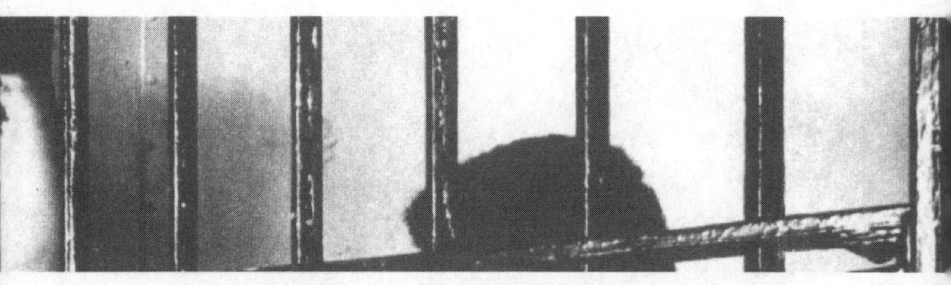

Rechte auf – wohl wegen des Gewichts eines
Schwerts, das sie an einem für zwei Hände ge-
schmiedeten Griff mit der Schneide nach oben hielt.
Doch sie konnte nichts sehen, denn um ihre Augen
war ein Tuch gebunden.

«Wer weiß etwas über diese Frau?», fragte Bolle, und
nach einigem Zögern meldete sich Suse:
«Das ist Justitia, die Göttin der Gerechtigkeit.»
«Und weißt du, weshalb sie mit einem Schwert und
einer Waage ausgerüstet ist?»
«Nee, ich weiß nur, dass sie eine Augenbinde trägt,
weil sie nicht sehen soll, wen sie verurteilt.»
«Wäre es denn schlimm, wenn sie sehen könnte?»
«Na ja, sie würde dann vielleicht einen wichtigen
Menschen milder behandeln als einen Bettler.»
«Die *Gerechtigkeit*», hob Bolle zu dozieren an, «gehört zu den Tugenden, die schon von den alten Griechen und Römern als Figur dargestellt wurden. Spä-
testens seit der Zeit von Papst Hadrian VI. – das war
vor gut fünfhundert Jahren – trägt die Gerechtigkeit
eine Augenbinde. Hadrian VI. war von einflussrei-
chen Leuten gebeten worden, das Gerichtsverfahren
gegen einen Mörder einzustellen, weil der von hoher
Geburt war. ‹*Fiat justitia, pereat mundus*›, verkündete
der Papst, ein berühmter Satz, der ausdrückt, dass die
Gerechtigkeit immer walten soll, unabhängig davon,
wer vor ihr steht. Sie darf selbst vor der weltlichen
Macht, also den Politikern, den Reichen, den Be-
rühmten, nicht Halt machen. Das kann allerdings

auch bedeuten, dass der Richter, dass jeder, der
gerecht sein will, Mut oder Zivilcourage besitzen
muss, um sein Amt gerecht auszuüben.
Dafür gibt es sogar in der angeblich so gerechten
Bundesrepublik Deutschland zahlreiche Beispiele. So
wurde etwa ein Bonner Beamter, der herausfand, dass
Parteispenden von hohen Politikern illegal beschafft
worden waren, so lange unter Druck gesetzt, bis er
sein Amt entnervt aufgab. Aber er war mutig und
hielt wenigstens so lange aus, bis er die Gesetzesver-
stöße zahlreicher Politiker publik gemacht hatte.»
«Sind die dann eingesperrt worden?», fragte eine
Schülerin.
«Nein, aber sie erhielten hohe Geldstrafen.» Bolle
führte die Klasse die Treppe ganz hinauf, sodass sie
Justitia von oben anschauen konnten.
«Die Augenbinde haben wir jetzt erklärt. Aber was
sollen Schwert und Waage?», fragte Bolle und redete
gleich selbst weiter, damit ihn bloß keiner mit einer
Antwort unterbrach:
«Das Schwert deutet an, dass Justitia auch straft. Und
die Waage sagt gleich mehrere Dinge aus. Die Waage
ist ja da, um ein Gewicht zu messen. Und in Bezug
auf die Gerechtigkeit heißt die Waage: Das Gericht
soll immer mit dem gleichen Maß messen, also nicht
milde für den einen und streng für den anderen,
wenn es um die gleiche Sache geht.
Zweitens besteht die Waage aus zwei Schälchen, die
an einem Querbalken aufgehängt sind. Sie kann aber

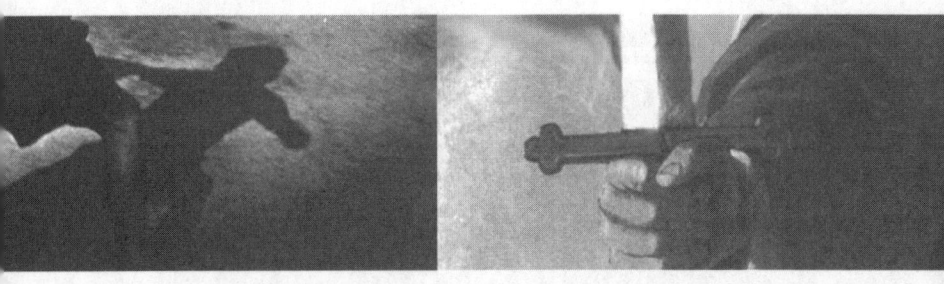

nur funktionieren, wenn jemand den Balken in der
Mitte hochhebt. Damit ist gemeint, dass die Waage
zwei Interessen, dargestellt durch die beiden Schälchen, misst. Sie funktioniert aber nur, wenn Justitia
die Waage hochhält. Also geht es immer um drei
Personen: Zwei haben unterschiedliche Ansichten,
und die dritte trifft das rechte Maß.
Wenn zwei sich streiten, kann nur ein Dritter gerecht
urteilen. Denn erstens darf niemand in eigener Sache
entscheiden, weil jeder nämlich zuerst an sich denkt,
und zweitens kann ein gerechtes Urteil nur dann
gefällt werden, wenn beide Seiten gehört worden
sind.
Stellt euch vor: Felix streitet mit seiner Schwester
Alix um ein Buch. Dann kann nur ein Dritter fragen:
‹Was ist der Grund für euren Streit?› Daraufhin sagt
jeder von den beiden, warum er glaubt, ein Anrecht
auf das Buch zu haben. Und erst danach wird von
einer dritten Person geurteilt, das ist der unabhängi-
ge Richter. – Gehen wir, Richter Adam erwartet uns
schon!»

÷

Jugendrichter Adam, lässig gekleidet – ohne Robe
und nur mit einem Rollkragenpullover unter der
Jacke –, empfing die Klasse in einem alten Gerichts-
saal. Dort standen die Sitze für die Richter auf einem
hohen Podest, das mit dunkelbraunem Holz verklei-

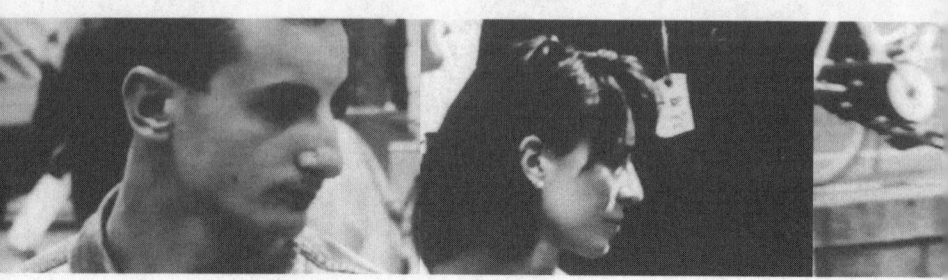

det war. Die Angeklagten und ihr Anwalt mussten zu
ihnen aufschauen. Und die Zuschauer saßen auf Bän-
ken, die an eine Kirche erinnerten.

Ohne einleitende Worte stellte sich Richter Adam
vor die Zuschauerbänke, beugte sich zu Felix vor und
fragte:

«Was findest du ungerecht?»

«Ich? Ungerecht?» Felix wurde rot.

«Ja, worüber ärgerst du dich, weil du meinst, nicht
gleich behandelt zu werden?»

«Da fällt mir viel ein», sagte Felix, der seine erste
Scheu schnell überwand. «Manchmal finde ich die
Noten ungerecht, weil ich mehr gelernt habe als die
anderen und trotzdem eine schlechtere Note bekomme. Dann finde ich es ungerecht, wenn mein Vater
mir keine Chevignon-Jacke kauft, obwohl die doch
alle haben – oder fast alle. Dann finde ich es gemein,
dass meine Schwester immer bevorzugt wird, ihren
eigenen Computer hat und länger aufbleiben darf.»

Beim letzten Satz lachten alle. Auch Richter Adam
schmunzelte und fragte in die Runde:

«Findet ihr alle das auch ungerecht?»

Manche antworteten mit ja, andere murmelten nur
vor sich hin, aber es klang nach allgemeiner Zustimmung.

«Dann werdet ihr erstaunt sein, wenn ich euch sage:
Nichts davon ist ungerecht.» Adam machte eine
Pause, alle hörten gespannt zu. «Fangen wir mit den
Noten an. Die werden, wenn es sich um eine schrift-

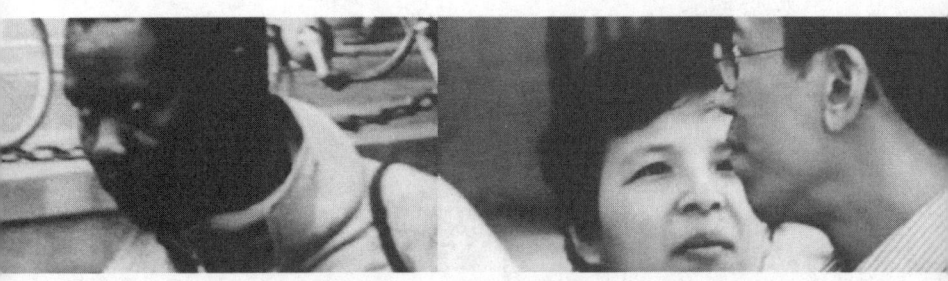

liche Arbeit dreht, für das Ergebnis gegeben. Wenn
du alle Rechenaufgaben richtig ausgerechnet hast,
bekommst du eine gute Note. Benotet wird ja nicht,
wie viel du gearbeitet hast. Und wenn jemand weniger schuftet als du, aber eine bessere Arbeit schreibt,
dann ist er vielleicht einfach nur schlauer. Dafür
kannst du nichts, dafür kann er nichts, aber kein
Mensch ist nun einmal genau wie der andere.
Und die Jacke: Dein Vater wird schon einen Grund
haben, weshalb er dir die Jacke verweigert. Entweder
hat er das Geld nicht, oder er meint, es sei Unsinn,
nur für modische Kleidung so viel Geld auszugeben.
Wenn andere so eine Jacke besitzen, dann haben
deren Eltern mehr Geld oder eine andere Einstellung
zur Mode.
Es ist aber grundsätzlich nicht ungerecht, wenn die
einen mehr und die anderen weniger verdienen oder
besitzen. Vielleicht ist jemand in eine reiche Familie
hineingeboren, hat geerbt oder einfach viel gearbeitet und einen Beruf erwählt, in dem man mehr verdient, als in einem anderen Beruf, in dem man aber
auch weniger Freizeit und vielleicht auch mehr
Stress hat. Oder ein Student ist über Nacht zum
Millionär geworden, weil er eine brillante Internet-
Start-up-Idee hatte. Deswegen ist es auch falsch, jemandem zu neiden, dass es ihm finanziell besser
geht.
Schließlich gibt es auch viele Menschen, denen Geld
nicht so wichtig ist und die lieber ein Buch lesen oder

einen Ausflug machen, statt Überstunden zu schieben
oder beim Nachbarn für zehn Mark die Stunde baby-
zusitten. Schaut mich an, ich bin Richter geworden
und bekomme dafür ein ordentliches Gehalt, aber
genauso gut hätte ich mit meiner Ausbildung in ein
Rechtsanwaltsbüro eintreten können, da würde ich
viel mehr Geld verdienen. Doch mir macht die
Arbeit am Gericht mehr Spaß.
Aber was war jetzt noch gleich die dritte ‹Ungerech-
tigkeit›?»
«Die Schwester!»
«Richtig, die Schwester. Warum hat sie einen Com-
puter und du nicht?»
«Meine Eltern sagen, weil die schon sechzehn ist,
und da bräuchte sie das.»
«Und haben sie dir auch einen Computer verspro-
chen, wenn du sechzehn bist?»
«Wenn ich vierzehn bin!»
«Das ist dann vielleicht gar nicht so ungerecht.»
«Warum?», fragte Felix.
«Ich vermute, dass deine Schwester den Computer
auch erst mit vierzehn erhalten hat.»
«Nee, die war schon fünfzehn.»
«Dann wirst du doch eigentlich bevorzugt, wenn du
schon mit vierzehn einen Computer erhältst.
Gerechtigkeit, das solltet ihr wissen, bedeutet nicht,
dass alle gleich sind. Gerechtigkeit betrifft die Bezie-
hungen der Menschen untereinander.
Im privaten Bereich wird die Gerechtigkeit häufig als

die Tugend der Starken bezeichnet. Denn der Starke hat auf Grund seiner Fähigkeiten mehr Macht als der Schwache; deshalb wird vom Starken erwartet, dass er trotz seiner Macht den Schwächeren nicht zu übervorteilen sucht. Das ist gerecht und führt zu einem angemessenen Ausgleich zwischen Starken und Schwachen.

Und im Staatswesen bedeutet Gerechtigkeit zunächst: Jeder ist vor dem Gesetz gleich. In den Menschenrechten steht: ‹Alle Menschen sind frei und gleich geboren.› Nun sind aber nicht alle Menschen ‹gleich›, die einen sind größer, die anderen kleiner, die einen klüger, die anderen weniger gescheit, manche schöner als die anderen, und daran kann niemand etwas ändern, das hat die Natur so gewollt. Und dann hängt es vom Zufall ab, ob man als Mann oder Frau, als Japaner, Indianer, Afrikaner, Europäer oder Amerikaner, ja, auch ob man reich oder arm geboren wird – denn das Geschlecht und die Eltern kann sich niemand aussuchen.

Gleich sein heißt also nur: gleichberechtigt sein oder auch – die gleichen Chancen zu haben. Jeder Mensch hat das gleiche Recht, sich frei zu entwickeln und seine Persönlichkeit ungehindert zu entfalten.

Und ein gerechter Staat hat nun dafür zu sorgen, dass jeder Mensch auch die gleiche Chance auf ein selbstbestimmtes Leben hat. Damit beispielsweise Arbeitslose oder Schwerkranke nicht auf der Straße verhungern müssen, sondern in Würde leben können,

werden sie vom Staat finanziell unterstützt. Auch
arme Familien erhalten Geld, denn die Kinder sollen
die gleichen Chancen wie die Kinder wohlhabende-
rer Eltern haben. In unserer modernen Gesellschaft
aber hängt das Leben des Einzelnen doch in erster
Linie von seinem Wissen, seiner Ausbildung ab. Die
gleichen Chancen haben Kinder und Jugendliche also
nur, wenn die Ärmeren die gleichen Schulen und
Universitäten besuchen können wie die Reichen. Aus
diesem Grund ist bei uns die Schulausbildung kosten-
los. Und Studenten, deren Eltern das Studium nicht
bezahlen können, werden vom Staat mit Geld unterstützt.

Diesen Ausgleich zwischen Starken und Schwachen
oder Reichen und Armen bezeichnet man als *soziale
Gerechtigkeit*. Die gab es in Deutschland nicht immer in diesem Ausmaß, aber mancher ist trotzdem
weit gekommen. Als der junge Gerhard in die Schule
kam, war seine Mutter Witwe, der Vater war im
Krieg gefallen, und sie arbeitete als Putzfrau. Deshalb konnte ihr Sohn Gerhard nur auf die Haupt-
schule gehen und nicht aufs Gymnasium, weil das
damals Schulgeld kostete, sie aber kein Geld hatte.
Gerhard machte eine Lehre als Einzelhandelskauf-
mann, wurde Verkäufer und hat in Abendkursen die
mittlere Reife, dann das Abitur nachgemacht und
schließlich an der Universität studiert, um Rechtsanwalt zu werden. Später schaffte er aus eigenem An-
trieb, was in der Bundesrepublik Deutschland inner-

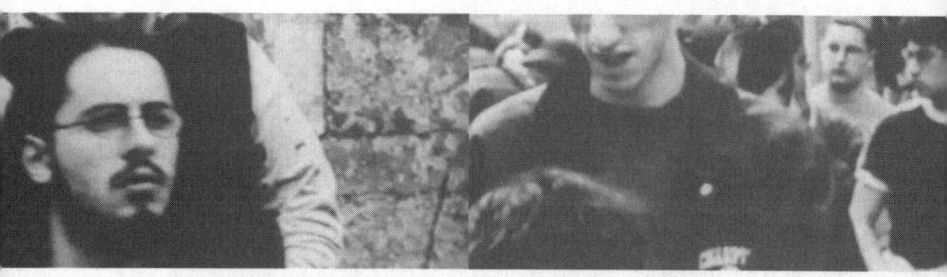

halb eines halben Jahrhunderts nur sieben Männern gelang: Gerhard Schröder wurde zum Bundeskanzler gewählt.

Doch jetzt zurück zum rechtlichen Aspekt der Gerechtigkeit, der *Gleichheit vor dem Gesetz*. Sie gebietet dem Richter, in der Sache vergleichbare Fälle gleich zu behandeln. Wenn also eine indische Computerspezialistin in der Parfümerie ein Fläschchen Chanel No. 5 klaut, dann darf sie nicht mehr und nicht weniger dafür bestraft werden als eine deutsche Professorengattin oder ein türkischer Gemüsehändler für das gleiche Vergehen. Der Grundsatz der Gleichheit vor dem Gesetz gebietet jedoch auch, Ungleiches verschieden zu behandeln. Sollte sich zum Beispiel herausstellen, dass eine der drei Personen an Kleptomanie leidet – das ist ein krankhafter Zwang zum Klauen –, dann würde das ihre Strafe mildern. Denn dann hätte sie ja nicht frei und selbstbestimmt, sondern unter dem Zwang der Krankheit gehandelt und also weniger Verantwortung für ihr Tun.

Auch wäre es wohl kaum gerecht, ein Kind für einen Diebstahl genauso zu bestrafen wie einen Erwachsenen. Denn junge Menschen müssen ja erst lernen, was richtig und falsch, was erlaubt und verboten ist. Sie können also unmöglich bereits voll verantwortlich für ihr Handeln sein. Deshalb sind Kinder bis zur Vollendung des 14. Lebensjahres in Deutschland straffrei, für Jugendliche von 14 bis 18

Jahren und oft auch noch für Heranwachsende bis 21
Jahre gilt ein eigenes Jugendstrafrecht, weshalb es
neben den normalen Gerichten noch die Jugendge-
richte gibt. Im Gegensatz zum normalen Strafge-
richt, das nur Geld- oder Freiheitsstrafen verhängen
kann, bietet das Jugendstrafrecht die Möglichkeit,
Vergehen durch Erziehungsmaßregeln zu ahnden.
Und damit komme ich zur heutigen Verhandlung. Es
geht um einen 18-jährigen Schüler, der beim Graffitisprühen erwischt wurde. Ein Wiederholungstäter.
Beim ersten Mal war er noch mit einer Verwarnung
und guten Ermahnungen des Jugendrichters davon-
gekommen. Als nun Volljähriger müsste sein Fall
eigentlich vor dem Strafrichter verhandelt werden.
Aber da das Gericht Graffitisprühen als eine Verfeh-
lung ansieht, die darauf schließen lässt, dass der Täter
von seiner geistigen und sittlichen Entwicklung her
noch einem Jugendlichen gleichsteht, betrachtet es
ihn als einen Heranwachsenden, für den das Jugendgericht zuständig ist. Da hat er noch einmal Glück
gehabt und trotzdem, so glimpflich wie beim ersten
Mal wird er heute wohl nicht davonkommen.
Im Allgemeinen sind die Sitzungen des Gerichts
übrigens öffentlich, damit jeder prüfen kann, ob die
Richter auch gerecht urteilen. Für Verhandlungen vor
dem Jugendgericht gilt dies indes nur, wenn – wie in
unserem Fall – der Angeklagte bereits volljährig ist.
Aber jetzt muss ich los. Wenn ihr noch Fragen habt,
könnt ihr sie mir nach der Verhandlung stellen.»

Auch Lehrer Bolle begab sich mit seiner Klasse zum
Sitzungszimmer, das in einem Neubau untergebracht
war.
Der Raum sah nicht viel anders aus als ein Klassen-
zimmer. In der einen Hälfte waren sechs Tische in
U-Form aufgestellt, in der anderen ein paar Stuhlrei-
hen für die Zuschauer.
«Bitte denkt daran, alle aufzustehen, wenn Richter
Adam hereinkommt», sagte Lehrer Bolle noch. «Das
ist so üblich aus Respekt vor dem Vertreter der
Gerechtigkeit.»

÷

Der Prozess gegen Ox verlief schnell. Der Jugendrichter eröffnete das Verfahren, der Staatsanwalt las
die Anklageschrift vor, die Wachmänner hatten ihre
Aussage bereits schriftlich abgegeben, der Rechtsanwalt nahm Stellung, und Ox wurde befragt. Seine
Aussage deckte sich mit der Darstellung der Zeugen.
Die Anklage des Staatsanwaltes lautete auf Sachbe-
schädigung. Als Strafe schlug er vor, Ox solle in seiner Freizeit fünfzig Stunden Sozialarbeit leisten. Und
so lautete dann auch das Urteil.
Jugendrichter Adam erklärte Ox und den Schülern,
dass der Sinn des Strafrechtes nicht die Rache sei,
sondern der Schutz der elementaren Werte der Gemeinschaft. Deshalb sei es wichtig, eine angemessene
Strafe zu finden. Denn ein Täter, der unverhältnis-
mäßig hart bestraft wird, verliert den Glauben an die

Gerechtigkeit und entfremdet sich nur noch mehr
von der Gesellschaft. Und eine zu geringe Strafe
wird vielleicht vom Täter nicht ernst genommen
und verführt ihn dazu, sein Vergehen zu wieder-
holen.

Da Ox mit seinem Verhalten die Gemeinschaft ge-
schädigt habe – schießlich hatte er unerlaubterweise
öffentliches Eigentum mit Farbe besprüht, die dann
für teures Geld entfernt werden musste –, aber als
Schüler noch kein eigenes Geld verdiene, solle er zur
Wiedergutmachung Dienst an der Gemeinschaft
leisten. Das Gericht erhoffe sich davon auch, dass Ox
dabei Zeit zum Nachdenken finden und einsehen
werde, dass in einer Gesellschaft die eigene Freiheit
immer an der Freiheit – oder in diesem Falle am
Eigentum oder den Schönheitsvorstellungen – der
anderen endet.

÷

Eine Woche später begann Ox, seine Strafe abzuar-
beiten. Jeden zweiten Nachmittag fuhr er nach der
Schule mit dem Fahrrad los, mal besorgte er ein Buch
oder kramte im Supermarkt den Zettel hervor, auf
dem er sich notiert hatte, was er einkaufen sollte,
packte seinen Rucksack voll, schulterte ihn und radel-
te weiter zum Seniorenheim. Der Hausmeister kannte ihn inzwischen und drückte die Tür auf, sobald er
den Schüler das Rad abschließen sah. Ox nahm den

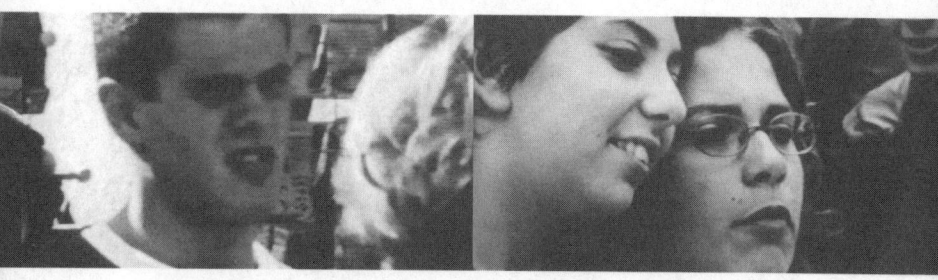

Aufzug in den dritten Stock, klopfte an der Tür von
Zimmer 12 und trat ein, ohne eine Antwort abzuwar-
ten. So hatte der siebenundachtzigjährige Herr Förde
es mit ihm vereinbart.
Wolfgang Förde saß schon seit mehreren Jahren im
Rollstuhl, seine Verwandtschaft lebte nicht am Ort,
die meisten Freunde und Bekannten waren entweder
auch sehr unbeweglich oder gar schon gestorben. Ox
war vom Sozialamt die Aufgabe gegeben worden, sich
um den alten Herrn zu kümmern. Da heute die Son-
ne schien, schlug Herr Förde vor, einen kleinen Ausflug in den nahe gelegenen Stadtpark zu machen. Ox
holte den Mantel, half dem Mann, ihn anzuziehen,
und schob den Rollstuhl an eine ruhige und sonnige
Ecke in den Park. Hier, an seiner Lieblingsstelle
neben einem Rhododendron-Busch, genoss Herr
Förde die Natur. Nach einem Moment der Stille
sagte er:
«Ox, ich hoffe, du bist mir nicht böse, dass du deine
Freizeit so verbringen musst. Für mich ist es eine
große Hilfe. Nein, mehr noch, eine Wohltat.»
«Ist schon in Ordnung, Herr Förde», antwortete
Ox.
«Was hat dich zum Sprayer gemacht? Und woher
kommt OX?»
Ox lachte leise:
«Man sagt doch: Alpha und Omega. Anfang und
Ende. Der erste und der letzte Buchstabe des griechi-
schen Alphabets. O ist das Ende. Und selbst das gibt

es nicht mehr, denn das wird durch das x ausgestrichen. Das bin ich: Ox.»

«Das ist aber sehr negativ gedacht.»

«Aber es ist doch so. Uns bringt man bei, was man Ethik und Moral, Werte und Tugenden nennt, aber selbst richtet sich niemand danach. Ich les ja Zeitung. Also, da haben Banken ihren Kunden gesagt, sie sollten doch ihr Geld in Luxemburg anlegen – wegen der Steuer. Aber das ist illegal. So was darf eine Bank doch dem Kunden gar nicht erst sagen, denn woher soll der wissen, was verboten ist.»

«Dafür sind aber einige Bankangestellte bestraft worden.»

«Wenn es nur das wäre. Gestern war ein Versicherungsvertreter bei meinen Eltern. Der will doch nur seine Versicherungen verkaufen. Und als mein Vater meinte, ein anderes Angebot sei ein wenig billiger, da hat der Versicherungsvertreter gesagt, das haben wir schnell ausgeglichen, indem wir schon einmal einen in Wirklichkeit gar nicht eingetretenen Schaden angeben, den wir Ihnen ersetzen. Das ist doch Betrug. Aber das ist überall so. Auch in der Politik. Mein Vater hat mir erzählt, dass es vor mehr als fünfzig Jahren, im ersten Untersuchungsausschuss der Bundesrepublik, schon um Bestechung ging. Der Ausschuss sollte nämlich klären, ob Abgeordnete Geld dafür erhalten hatten, dass sie für Bonn als Bundeshauptstadt stimmten statt für Frankfurt. Und selbst das Misstrauensvotum gegen den früheren

Bundeskanzler Willy Brandt ist durch den Kauf min-
destens der Stimme eines CDU-Abgeordneten anders
ausgegangen als erwartet.

Na ja, und dann hat mein Vater mir klar gemacht,
dass in der Politik immer wieder Millionensummen
gesetzeswidrig verwendet werden, nur um die Macht
zu erringen oder zu erhalten. Da sagen meine Freunde und ich: O und X! Ende, Strich durch.»

«Aber es ist doch nicht alles so. Ich will nur zum
Letzten was sagen, denn das Verhalten der Politiker
ist wahrscheinlich das Wichtigste, weil sie als vermeintliche Vorbilder in der Öffentlichkeit am sicht-
barsten sind», meinte Herr Förde nachdenklich.

«Das Ziel von Politik darf nicht der Machterhalt
oder -erwerb sein. Das klingt jetzt sehr theoretisch,
was ich sage, aber: Das Ziel von Politik ist Gerechtigkeit.»

«Das sagen alle. Aber ich werde verknackt für so 'n
Scheiß!»

«Das wird jeder, der gegen Gesetze verstößt – und
erwischt wird. Außerdem könnte man sagen, dass
deine Strafe in den Bereich der sozialen Gerechtigkeit fällt.»

«Wieso das denn?»

«Weil sie zum Ausgleich zwischen den Generationen
beiträgt. Nehmen wir mal an, es gäbe drei, die Kinder, die Erwachsenen, die Alten. Und das Verhältnis
der Erwachsenen zu den Jungen einerseits und zu den
Alten andererseits umschreibt man mit dem Begriff

Generationenvertrag. Dessen Grundlage ist die Gerechtigkeit. Ein Kind kommt hilflos auf die Welt und kann nur überleben, weil die Eltern ihm helfen. Dafür werden die Eltern im Alter die Hilfe der nun erwachsenen Kinder benötigen, die sie ihnen – so ist es gerecht – im Tausch für die empfangene Hilfe wiedergeben.»

«Aber ich bin doch nicht Ihr Kind.»

«Da hast du schon Recht. Ich könnte dein Großvater sein. Aber gemeint sind die Generationen: Die Kindergeneration erhält Hilfe und, einmal erwachsen, gibt sie die Hilfe zurück an die Generation der Alten. Übrigens geht das sehr viel weiter als nur, was du jetzt für mich machst.

Da die Natur empfindlich ist, verlangt es die Gerechtigkeit, dass eine Generation der kommenden die Welt in dem Zustand überlässt, in dem sie sie selbst übernommen hat. Und diesen Gedanken kann man auf alle Bereiche übertragen: Es ist ungerecht, wenn eine Generation über ihre Verhältnisse in Saus und Braus lebt und der kommenden eine unangemessene Staatsverschuldung hinterlässt. Politiker, die das hinnehmen, verstoßen gegen die Tugend der Gerechtigkeit. Deshalb orientiert sich eine gerechte Politik immer am *Gemeinwohl*.»

«Gemeinwohl ist, was für uns alle gut ist?»

«Ja, und es ist schwer zu beschreiben, wie es zustande kommt. Eigentlich von unten nach oben. Einzelne Personen finden sich in Bürgerinitiativen, Vereinen

oder politischen Ortsverbänden wieder und äußern dort, welche Maßnahmen – ihrer Meinung nach – für die Gemeinschaft gut seien. Und so kommt es zu einer Meinungsbildung in der ganzen Gemeinschaft. Vernünftige Politiker reagieren darauf, indem sie das Für und Wider überlegen und dann gerecht entscheiden. Das Gemeinwohl darf aber nicht darüber hinwegtäuschen, dass die Gemeinschaft, oder sagen wir mal der Staat, verpflichtet ist, auch im Verhältnis zum Einzelnen gerecht zu entscheiden.

In der Beziehung zwischen Staat und Bürger geht es meist um die gerechte Verteilung von Leistungen oder Lasten. Leistungen sind Kinder- oder Studiengeld, Sozialhilfe, Unterstützung bei der Gründung eines kleinen Unternehmens und so weiter ... Lasten – na ja, das sind Steuern, Gebühren; aber dazu gehört sicherlich auch der Wehrdienst.

Soziale Gerechtigkeit bedeutet nun nicht, dass alle gleich viel zahlen oder bekommen, sondern jeder nach seinen Möglichkeiten erleichtert oder belastet wird nach dem Prinzip: Der Starke hilft dem Schwachen. Der Reiche zahlt deshalb sehr viel mehr Steuern als der Arme.»

«Wenn's nur so wäre», seufzte Ox.

«Lass uns zurückfahren, es wird kühl», meinte Herr Förde, und Ox löste die Bremsen, drehte den Rollstuhl in Fahrtrichtung und schob ihn den Weg hinunter. Beide dachten schweigend nach.

«Ja, wenn's nur so wäre», sagte Ox noch einmal.

«Es wird nur so sein, wenn gerecht denkende Bürger
bereit sind, sich in der Gesellschaft zu engagieren.»
«Das kann man doch gar nicht. Es sind doch alle
Parteien gleich.»
«Wenn alle so denken, wird sich nie etwas ändern.
Und es wird sich nur etwas ändern, wenn junge Leute
bereit sind, klein anzufangen, als Klassensprecher, als
Schulsprecher, dann mal im Ortsverein, in der
Gewerkschaft oder auch in der Kirche.»
Herr Förde überlegte, ob er es sagen sollte, aber dann
gab er sich einen Ruck, schließlich kannten sie sich
inzwischen gut genug, und Ox würde – nach der
langen Diskussion an diesem Nachmittag – schon
richtig einordnen, was der alte Mann meinte:
«Es reicht nicht, sich zu verweigern, einfach Omega
zu denken und alles auszu-X-en. Denk mal drüber
nach.»

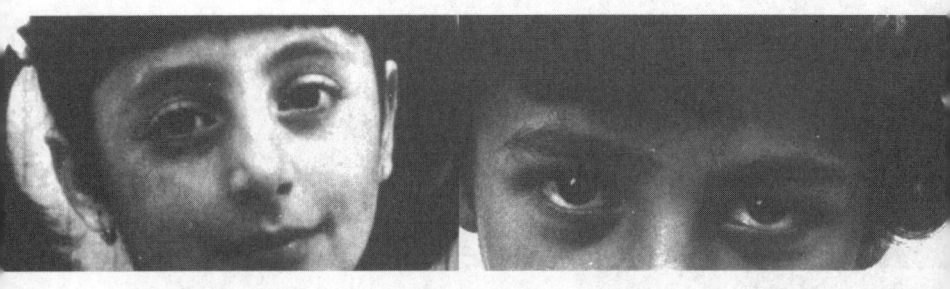

Gemeinsam sind wir stark

Für heute war eine Schulversammlung anberaumt
worden, die zur Abwechslung mal ganz interessant zu
werden versprach. Denn neben der Organisation von
«Kids helfen Kids im Kosovo» stand der Besuch des
Gründers einer Kinderhilfsorganisation gegen Kinderarbeit auf der Tagesordnung sowie der Bericht
einer UNICEF-Mitarbeiterin über Kindersoldaten.
Als Erste betrat Alix das Podium, um über die Spiel-
zeugsammelaktion zu berichten:
«Das Ergebnis an unserer Schule ist ganz zufrieden
stellend: Von den achtzehn Klassen haben mehr als
die Hälfte gesammelt. Aber es haben auch Schülerinnen und Schüler aus anderen Schulen gespendet.
Insgesamt fünfzehn Umzugskartons, die Thomas bei
der internationalen Spedition besorgt hat – Danke
Thomas! …»
Die Versammlung applaudierte. Thomas stand auf
und winkte fröhlich in alle Richtungen. Seine
anfängliche Ignoranz hatte er schnell abgelegt und
war seitdem als einer der Eifrigsten bei der Sache
gewesen.
«Also insgesamt fünfzehn Kartons sind bis zum Rand

mit Spielzeug gefüllt. Leider haben ein paar Leute
auch richtigen Schrott abgegeben, Dinge, die kein
Kind mehr gebrauchen kann. Das finden wir nicht
o.k. Wir meinen, solidarisch handeln heißt wirklich
helfen und nicht nur so tun.
Die Kartons werden am Samstagnachmittag von dem
Fahrer Wolfgang Martens vom Arbeiter-Samariter-
Bund abgeholt. Der wird sie zur Sammelstelle nach
Hamburg bringen. Von dort fährt er mit einem 20-
Tonner nach Skopje in Mazedonien und weiter in das
Kosovo. Hin und zurück braucht er etwa neun Tage,
und dafür nimmt er Urlaub, denn eigentlich ist er
Angestellter bei der Hamburger Hochbahn.
Für das Verladen der Kartons brauchen wir noch ein
paar starke Helfer. Wer macht außer Thomas und
mir noch mit?»
Felix sprang auf und meldete sich. Alle lachten bei
der Vorstellung, der kleine Kerl könne einen Karton
verladen. Aber Alix war klug genug, sich nicht über
ihren Bruder lustig zu machen und sagte:
«Danke, Felix. Und sonst kommt niemand?»
Als sich noch vier weitere Freiwillige gefunden hatten, bedankte sich Alix bei allen für ihre Mithilfe und
ging wieder an ihren Platz.

÷

Nun betrat Direktor Klaus Nolen das Podium zusammen mit einem Jugendlichen, den er den versam-

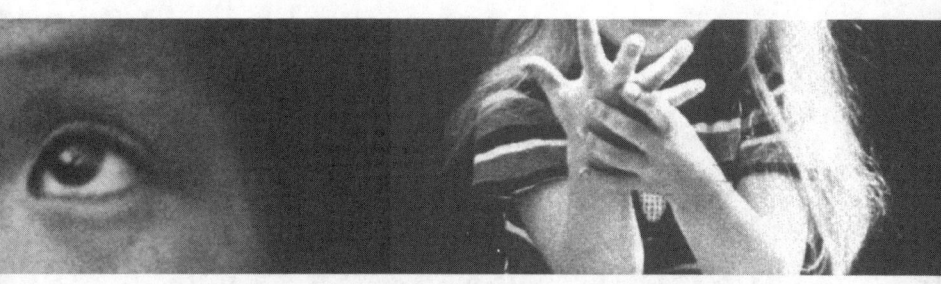

melten Schülern als Craig Kielburger vorstellte – den Gründer von «Free the Children» – «Befreit die Kinder». Bevor Nolen das Wort an Craig selbst übergab, erklärte er, was es mit ihm und seiner Organisation auf sich hatte.

Craig lebt in Toronto. Eines Tages las er etwas in der Zeitung, das ihn elektrisierte, zornig machte und zum Handeln anregte: die Geschichte des Iqbal Masih aus Pakistan. Als Iqbal vier Jahre alt war, wurde er von seinen Eltern für sechzehn Dollar als Arbeitskraft verkauft. Iqbal war nun ein Sklave – und das, obwohl die Sklaverei überall in der Welt geächtet ist.

Iqbal wurde von den Leuten, die ihn gekauft hatten, in einen Raum gesperrt und an eine Teppichwebmaschine gekettet. Tag für Tag musste er zwölf Stunden und länger arbeiten. Manchmal schlief er vor Müdigkeit ein, dann wurde er geschlagen. Sechs Jahre schuftete der kleine Iqbal an der Teppichwebmaschine, als es ihm eines Tages gelang zu fliehen. Aber zwei Jahre später wurde er ermordet – wahrscheinlich von den Leuten, die ihn damals gekauft hatten.

Als Craig dies las, war er zwölf Jahre alt – so alt wie Iqbal, als er starb. Craig verglich sein bequemes, bevorzugtes Leben mit dem von Iqbal. Seine Eltern waren wohlhabend, am Essen wurde nicht gespart, er besuchte eine gute Schule, am Wochenende machten sie gemeinsame Ausflüge oder gingen ins Kino. Im

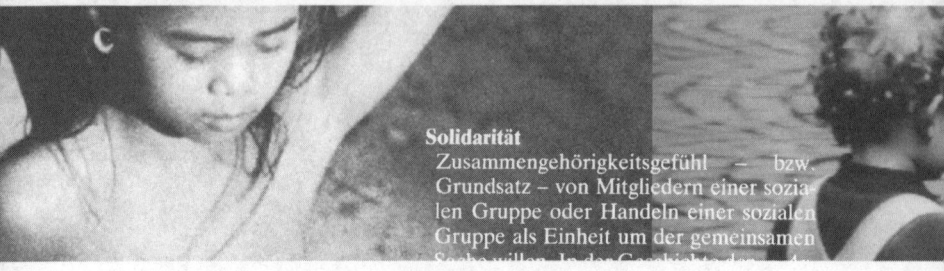

Solidarität
Zusammengehörigkeitsgefühl – bzw.
Grundsatz – von Mitgliedern einer sozia-
len Gruppe oder Handeln einer sozialen
Gruppe als Einheit um der gemeinsamen
Sache willen. In der Geschichte der

Vergleich zu Iqbal lebte Craig im Paradies. Und trotzdem vereinte sie etwas: Sie waren beide Kinder. Craig wusste: Kinder sind die schwächsten Mitglieder in der menschlichen Gemeinschaft. Nur wenn die Schwachen zusammenhalten, dann sind sie stark. Weder Iqbal noch er allein konnte etwas gegen die Sklaverei tun. Aber, so dachte Craig, wenn sich viele Kinder auf der ganzen Welt zusammenschlössen, dann könnten sie womöglich etwas bewirken, denn dann würden vielleicht auch die Erwachsenen aufmerksam werden.

Also organisierte Craig mit seinen Freunden und Klassenkameraden eine Kinderorganisation, der sie den Namen «Free the Children» gaben – «Befreit die Kinder». Craig war zwar erst zwölf, aber äußerst pfiffig. Mit ein wenig Hilfe von erfahrenen Erwachsenen stellte die Kinderorganisation vier Ziele auf, die sie umsetzen wollte:

– eine Aufklärungskampagne über Kinderarbeit und die Ausbeutung von Kindern,
– eine Kampagne, um politische Führer in der ganzen Welt davon zu überzeugen, dass die Erziehung und der Schutz von Kindern Vorrang in politischen Entscheidungen haben sollten,
– eine Geldsammlung, um Kindern zu helfen,
– Aktionen in Zusammenarbeit mit Kindern überall auf der Welt, um die Lage ausgebeuteter Kinder zu ändern.

÷

«Dass Kinder wohlhabender Eltern, denen es an
nichts mangelt, sich zusammentun, um ihren armen
und ausgebeuteten Altersgenossen zu helfen, ist ein
Akt der Solidarität. Solidarisches Handeln zeugt von
einem hohen Grad an Gemeinsinn – den habt ja auch
ihr mit eurer ‹Kids helfen Kids im Kosovo›-Aktion
bewiesen», lobte Nolen das Engagement von Craig
und seinen eigenen Schülern und beendete dann
seine Einführung mit den Worten des kanadischen
Außenministers, der nach einem Treffen mit Craig
gesagt hatte:

«Durch seine Aufmerksamkeit und Bereitschaft zu
handeln, hat Kielburger die Ansicht vieler Erwachsener widerlegt, dass Kinder nichts Ernsthaftes beizu-
tragen hätten, wenn es um politische Auseinanderset-
zungen geht.»

Unter großem Applaus trat nun der inzwischen fünf-
zehnjährige Craig selbstbewusst wie ein erwachsener
Politiker an das Rednerpult und erzählte von seinem
Einsatz und dem politischen Erfolg von «Befreit die
Kinder»; ein Dolmetscher übersetzte:

«Schon bald nachdem wir die Organisation gegrün-
det hatten, habe ich meine Eltern davon überzeugt,
mir zu erlauben in fünf Länder Südasiens zu reisen.
Ich wollte dort arbeitende Kinder treffen, um besser
zu verstehen, wie es ihnen geht – und wie wir Kinder
in Nordamerika ihnen helfen können. Nun werdet
ihr mich fragen: ‹Wie kannst du als Zwölfjähriger
um die halbe Welt fliegen?› Meine Mutter war von

meinem Engagement so überzeugt, dass sie mich begleitet hat.

Als ich in Indien war, habe ich in der Hauptstadt Neu-Delhi eine Pressekonferenz veranstaltet, bei der auch befreite Sklavenkinder anwesend waren. Allein aufgrund des Presserummels nach dieser Konferenz hat die Regierung meiner Heimat Kanada eine Erklärung gegen Kinderarbeit veröffentlicht. Und nicht nur das. Sie machte 700 000 Dollar locker für ein internationales Programm zur Beseitigung von Kinderarbeit und setzte einen parlamentarischen Ausschuss ein, um Kanadas Politik zum Thema Kinderarbeit zu untersuchen – und um Aktionen zu planen. Die Folge war: Maßnahmen zur Verbesserung der Situation von Kindern, insbesondere zur Abschaffung der Kinderarbeit, wurden in internationale Hilfsprogramme aufgenommen. Außerdem wurden Kaufleute und Händler gebeten, sich freiwillig dazu zu verpflichten, keine Produkte nach Kanada einzuführen, die mit Kinderarbeit hergestellt worden sind.

In Thailand habe ich Pat Pong besucht, das ist ein Bezirk, wo Kinder von Touristen gegen Geld sexuell missbraucht werden. Als ich wieder in Kanada war, habe ich bei einem Treffen mit dem Außenminister darauf gedrängt, die Strafgesetze zu ändern, damit Kanadier, die im Ausland Kinder missbrauchen, zu Hause dafür bestraft werden können.

Ich bin heute zu euch gekommen, weil ich durch die

Welt reise und Kinder auffordere, solidarisch mit anderen Kindern zu sein. Wir müssen zusammenhalten, und wir können tatsächlich politisch etwas erreichen. *Gemeinsam sind wir stark!*»

Hier hielt Craig einen Moment lang inne, und es brach spontaner Applaus aus.

«Ja», wiederholte Craig. «*Gemeinsam sind wir stark!* Inzwischen gibt es überall auf der Welt Ortsgruppen von ‹Free the Children›, und unsere Arbeit wird überall von Erwachsenen ernst genommen. Zweimal haben mich Ausschüsse des Kongresses in Washington eingeladen, in New York hat der Verein für Auswärtige Politik mich genau so ernst genommen wie der Verein der Korrespondenten bei den Vereinten Nationen.

Es gibt inzwischen schon eine weitere Organisation, sie nennt sich ‹Kids Can Free the Children› – ‹Kinder können die Kinder befreien›. Durch sie haben junge Leute 200000 Dollar gesammelt, und mit diesem Geld sind vierhundert Kindersklaven in Indien befreit und in einem Erziehungszentrum untergebracht worden. Eltern verkaufen ihre Kinder, weil sie keine Arbeit haben und sie nicht ernähren können. Deshalb hat ‹Kids Can Free the Children› Geld aufgebracht, um Milchkühe und Nähmaschinen zu kaufen, damit die Eltern für ihr Einkommen sorgen können und die Kinder nicht mehr an Sklavenhändler abgeben müssen.

Wichtig bei solch einer Arbeit ist es, anderen davon
mitzuteilen, deshalb haben die Organisationen auch
ausführliche Websites im Internet. – Denkt nur an
eines: Es mag euch das eine oder andere plagen, die
Lehrer …»

Großes Gelächter.

«… oder mal 'ne schlechte Note. Das ist nichts gegen die Not, in der die Kinder leben, die ich in Indien oder in Thailand gesehen habe.»

Craig erhielt einen donnernden Applaus.

Der Junge aus Kanada verließ das Rednerpult, wurde
aber am Ende des Podiums von seinen Begleitern und
Direktor Nolen aufgehalten. Nach kurzer Beratung
kehrte Craig noch einmal an das Mikrophon zurück
und sagte:

«Vor zwei Jahren wurde ich mit dem Titel ‹Kinder-
Botschafter von Bosnien-Herzegowina› geehrt. Seitdem setze ich mich, wann immer es geht und angebracht ist, für Flüchtlings- und Kriegskinder ein. In
Bosnien ist weitgehend wieder Frieden eingekehrt.
Ihr wisst vielleicht, dass im bosnischen Bürgerkrieg
Menschen kroatischer und moslemischer Herkunft
gegen ihre Mitbürger und Nachbarn serbischer Herkunft gekämpft haben. Die internationale Gemeinschaft hat dort – mit Gewalt, mit ihren Armeen – den
Frieden wieder hergestellt. Aber es gibt andere Ge-
genden der Welt, besonders Afrika, in denen zwölf-,
dreizehnjährige Jungs schon als Soldaten ausgebildet
und in den Krieg geschickt werden.»

Craig machte eine Pause und schaute auf einen Zettel. «Darüber wird zu euch jetzt Marietta Talck von UNICEF sprechen, die heute mit uns gekommen ist.» Eine sportliche, fröhlich wirkende junge Frau in Jeans und Pullover kam mit schnellen Schritten nach vorn und stellte sich vor:

«Ich heiße Marietta Talck, bin zweiunddreißig Jahre alt und arbeite seit fünf Jahren für UNICEF. Drei Jahre lang war ich bei einem Projekt in Afrika, genauer gesagt in Sierra Leone, eingesetzt, das wir unter das Motto gestellt haben: ‹Gebt ihm die Chance, ein Kind zu sein.›

Lasst mich zunächst UNICEF vorstellen: Es ist das Kinderhilfswerk der UNO, also der Vereinten Nationen. Vielleicht kennt ihr UNICEF von den Glückwunschkarten, die von Kindern gemalt und jedes Jahr zu Weihnachten verkauft werden. Die Einnahmen gehen dann an UNICEF. Aber das Geld reicht bei weitem nicht für all unsere Aktionen. Wir sind deshalb auf die Solidarität, die Mithilfe, derjenigen angewiesen, die Geld oder Sachen spenden können.

Den Begriff *Solidarität* habt ihr sicher schon häufig gehört. Aber ich will einmal genau erklären, was sich meiner Meinung nach darin alles verbirgt. Solidarität nennt man das Verhalten eines Menschen, anderen zu helfen – und zwar aus Uneigennutz, also ohne daran zu denken, dass man im Gegenzug etwas dafür bekommt. Sicher mag man sich besser fühlen, wenn man geholfen hat, weil man dann nicht das schlechte

Empfinden hat, an einem Unglück vorbeigegangen zu sein, ohne etwas zu tun. Die Handlung, die heute Solidarität genannt wird, hat eine lange Tradition in der Geschichte der Menschen – und das Wort hat sich häufig gewandelt, bis es endlich Solidarität hieß. Die alten griechischen Philosophen wie Aristoteles sprachen von *Wohlwollen*, daraus wurde durch die Jahrhunderte *Güte, Großherzigkeit, Caritas*. Aber darunter verstand man meist die Großherzigkeit eines Gebenden, der selbstlos einem sich in Not befindlichen Empfangenden half, so unterstützte etwa ein reicher Bürger eine hungernde Familie oder zahlte das Schulgeld für einen begabten, aber armen Jungen.

Als 1789, immerhin vor mehr als zweihundert Jahren, die Französische Revolution stattfand, lautete das politische Motto der Aufständischen: ‹Freiheit, Gleichheit, Brüderlichkeit.› Die *Brüderlichkeit* ist eine Fortentwicklung des Wohlwollens. Jetzt hilft nicht mehr ein Starker einem Schwachen, sondern Brüderlichkeit fordert das Einstehen aller für ihre eigene Gruppe, Gemeinschaft oder Gesellschaft. Und nichts anderes bedeutet Solidarität. Diese Idee hat sich bewährt und in manchen fortschrittlichen Gesellschaften dazu geführt, dass fast alle Menschen in der Not Hilfe erhalten.

Politisch gesehen bedeutete die Solidarität das Zusammenhalten der Schwachen, um ihre Interessen und Rechte gegen die Starken zu verteidigen und

durchzusetzen. Ein Arbeiter allein kommt nicht gegen seinen Arbeitgeber an. Ein Schüler allein kann seine Interessen schwer gegen einen Lehrer verteidigen. Wenn nun alle Arbeiter zusammenhalten und ihre Interessen gemeinsam vortragen, zur Not sogar damit drohen, nicht mehr zu arbeiten, also zu streiken, dann sind sie stark.

Es gibt eine ganze Reihe von Versicherungen, die auf dem Prinzip der Solidarität beruhen, etwa die Sozialversicherungen. Alle zahlen in eine Kasse ein, weil sie eine gemeinsame Interessenlage haben, und die heißt ganz einfach: Wir wollen verhindern, dass wir in eine hilflose Lage kommen, kein Geld mehr haben, um zu essen, im Trockenen und Warmen zu wohnen oder zum Arzt zu gehen. Wenn also einer der Versicherten in Not gerät, etwa krank, arbeitslos oder arbeitsunfähig wird, dann erhält er aus dem Topf, in den alle Versicherten einzahlen, finanzielle Unterstützung. Diejenigen, die aber gesund bleiben und weiterhin arbeiten, die erhalten nichts, weil sie ja auch nicht in Not sind. Im Gegenteil, sie zahlen solidarisch weiter für die Schwachen, haben aber einen Anspruch darauf, dass auch ihnen geholfen wird, sollten sie in Not geraten. Solidarität kann damit eine Hilfe sein, auf die man einen staatlichen Anspruch hat.

Ein Schwacher kann aber den Anspruch auf Solidarität verwirken, wenn er nämlich die Hilfe ausnutzt, selber nicht mehr für sich sorgt, das Geld einfach nimmt, weil er zu bequem ist, seine Verantwortung

für sich selbst zu übernehmen. Und leider tun das immer mehr Leute. Solidarität geht von einem Gefühl der Zusammengehörigkeit aus, und wenn jeder ein wenig zahlt, obwohl die meisten nichts rausbekommen (weil sie es ja auch nicht benötigen), dann zeigt dies, was auch zum Wesen der Brüderlichkeit gehört: Die Mitglieder der Gemeinschaft ordnen ihre Eigeninteressen erst einmal den gemeinsamen Zielen der Gruppe unter. Also: Jeder würde aus Eigeninteresse sein Geld für sich behalten. Aber da es das gemeinsame Ziel ist, eine Notkasse anzulegen, gibt jeder ein wenig von seinem eigenen Geld als seinen Versicherungsbeitrag ab.

Nun arbeite ich für UNICEF, und wir treten mit dem Kinderhilfswerk für Menschen ein, die nicht unbedingt in Deutschland leben, wo jedes Kind, jede Mutter, jede Familie sich an staatliche Stellen wenden können, wenn sie in Not sind, und dann wird ihnen solidarisch geholfen. Sie müssen nicht um Hilfe bitten, sondern ihnen steht die Hilfe zu: Denn die Solidarität der Gesellschaft will, dass jeder einen Anspruch auf ein Leben in Würde hat, und dazu gehört auch eine menschenwürdige Wohnung, Kleidung, Nahrung. Die Solidarität, wie sie die Deutschen in ihrer Gesellschaft eingerichtet haben, geht sehr weit – aber sie gilt zunächst einmal nur für die Menschen, die in Deutschland leben.

Wir, die Mitarbeiter von UNICEF, meinen aber, es müsse sich der Gedanke durchsetzen, dass die Ge-

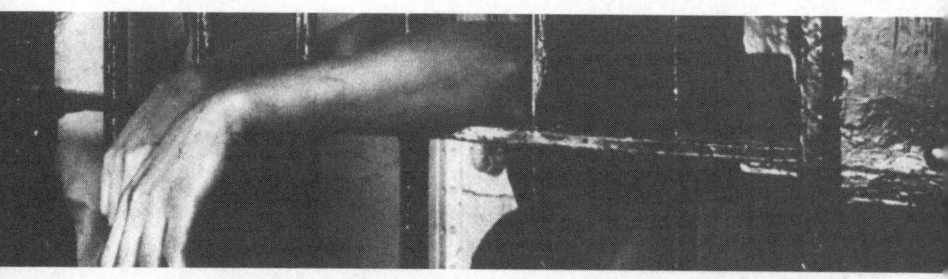

meinschaft, die moralischen Anspruch auf Solidarität erheben kann, nicht nur die eigene Gesellschaft oder einen national beschränkten Personenkreis betrifft, sondern die Menschheit insgesamt zu umfassen hat. So hebt dann die Solidarität, als Tugend und ethischer Wert, Begriffe wie Ausland oder Ausländer auf. Allerdings, und das müssen wir immer im Auge haben, es gibt schon allein dadurch Beschränkungen, dass es nicht genügend Geld auf der Welt gibt, um einfach allen zu helfen. Im Gegenteil! Der Kampf um Geld, um Reichtümer führt ja häufig – besonders in den ärmeren Ländern – zu Kriegen und damit zur Not von Menschen, denen solidarisch geholfen werden sollte. Das habe ich in Sierra Leone erlebt, einem kleinen Land, das in Westafrika liegt und dessen Name ins Deutsche übersetzt ‹Löwengebirge› lautet.

In Sierra Leone leben vier, fünf Millionen Menschen, und ihnen könnte es eigentlich gut gehen, denn neben dem Anbau von Kaffee, Kakao oder Reis werden Rinder, Schweine und Schafe gezüchtet. Der wahre Reichtum liegt allerdings unter der Erde: Es gibt viele Bodenschätze, die von England, Deutschland, Holland und Japan gekauft werden. Und zwar geht es um Gold, Platin – und Diamanten.

Wegen der Diamanten entflammte ein Bürgerkrieg. Rebellen beraubten Ankaufstellen von Diamanten und verbreiteten Unheil und Schrecken. In diesem Bürgerkrieg wurden viele Kinder zu Soldaten. In

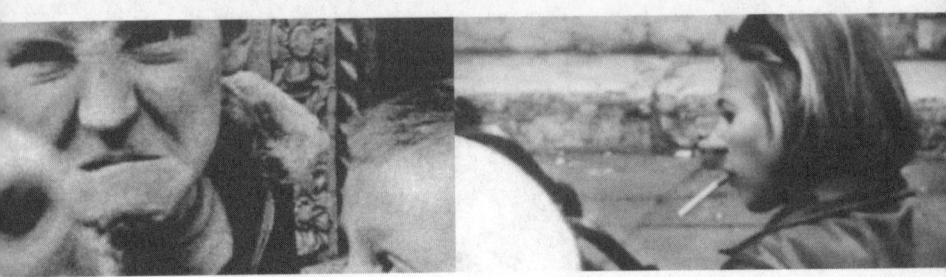

einer Gegend, die Bo genannt wird, habe ich den
zwölfjährigen Kini Alpha aus dem Dorf Gbitima getroffen, der zwei Jahre lang gegen die Rebellen mit
einem Gewehr gekämpft hat.
Und das kam so. Die Rebellen hatten sein Dorf über-
fallen und vor seinen Augen den Vater geköpft. Kini
Alpha dachte an nichts anderes, als den Tod seines
Vaters zu rächen, und als Milizkommandeure davon
hörten, haben sie ihm eine Kalaschnikow, eine Ma-
schinenpistole, gegeben und ihm beigebracht, wie
man mit ihr schießt. Dann haben sie ihn mit Gleich-
altrigen in eine Kampfgruppe gesteckt. Sie sollten
helfen, ihr Dorf zu verteidigen und die Rebellen zu
bekämpfen. Denn nach den Überfällen leistete die
ganze Gegend von Bo Widerstand gegen die Dia-
mantenräuber. Um den Kindern die Angst vor den
Waffen der Rebellen zu nehmen, wurde ihnen erklärt, sie seien unverwundbar, denn sie stünden unter
dem Schutz geheimnisvoller Kräfte.
Ihre Anführer gehörten zu den Kamajors, einem
alten Jägerbund, und sie glaubten an Zauberformeln.
Den Kindern wurden lederne Halsbänder und Beutel
umgehängt, sie trugen Ziegenhörner und andere
Amulette bei sich. Kini Alpha sagte mir:
‹Wir sind unbesiegbar.›
Das war zwar Unsinn, aber er glaubte es.
‹Vor dem Kampf habe ich immer heiliges Wasser ge-
trunken, und ich hatte stets einen Controller dabei.›
‹Was ist ein Controller?›, fragte ich ihn.

Er zeigte mir bunte Holzstäbchen, die angeblich alle feindlichen Kugeln ablenken würden. Die Kamajors haben die Behauptung von ihrer Unverletzlichkeit ganz ernsthaft und glaubwürdig im ganzen Land verbreitet, einmal um die Feinde einzuschüchtern, zum anderen aber, um die eigenen Leute, besonders die Kinder, todesmutig in die Gefechte zu treiben.

Kini Alpha ist zu jung, um den Humbug zu verstehen. Er glaubt einfach, was ein alter Dorfzauberer ihm erklärt. Er hatte einen jüngeren Bruder, der auch als Soldat kämpfte, und der wurde von den Rebellen erschossen. Die Zauberkräfte haben also nicht gewirkt. Ja, sagten die Kamajors, der Bruder sei nicht von einer Kugel der Feinde getroffen worden, sondern von einer verirrten aus den eigenen Reihen, und dagegen ist man auch mit ‹Controller› nicht gefeit. Es sind viele Kinderkrieger durch Kugeln der ‹eigenen› Leute umgekommen. Mit dem Zauberglauben sollte den Kindern die Angst vor Schusswechseln genommen werden.

Als ich Kini Alpha traf, gab er zusammen mit seiner Kampfgruppe die Waffen ab. Denn die Regierung von Sierra Leone hatte mit den Rebellen einen Friedensvertrag geschlossen. Und UNICEF war es zum ersten Mal gelungen, die Regierung davon zu überzeugen, in den Vertrag mit den Rebellen einen Absatz aufzunehmen, wonach es in Zukunft nicht mehr vorkommen solle, dass Minderjährige in den Krieg geschickt werden. Mit Kini Alpha zusammen haben

mehr als fünfzig Kinder ihre Gewehre in einem Sammellager abgegeben. Jeder erhielt dafür ein paar Dollar. Was aber sehr viel wichtiger ist, sie brauchen vernünftige Aussichten für ihr zukünftiges Leben. Deshalb schickt man sie auf die Handelsschule und bringt ihnen Berufe bei. Und mit der gleichen Überzeugung, mit der sie in den Krieg zogen, lernen sie jetzt. Mir hat der siebzehnjährige Mohamed Bilusin gesagt: ‹Die Rebellen haben uns alles genommen, aber sie besiegen uns nicht. Wir werden uns um uns selber kümmern.›

Und daraufhin haben ihm die um uns herumstehenden Schüler und ehemaligen Kindersoldaten Beifall gespendet.

Aber es reicht nicht aus, dass sie ein paar Klassen in der Handelsschule durchlaufen. Man darf nicht vergessen, dass sie ein paar Jahre lang als Soldaten und nicht als Kinder gelebt haben, dass sie geschossen, vielleicht sogar getötet haben – und erleben mussten, wie Kameraden oder Brüder getötet wurden. Sie haben etwas durchgemacht, was man schon keinem erwachsenen Menschen, geschweige denn einem Kind zumuten möchte.

UNICEF hat für die ehemaligen Kindersoldaten in diesem Jahr die Kosten für die Schulausbildung und den Lebensunterhalt übernommen. Nun sammeln wir Geld, um die Wiedereingliederung der Kindersoldaten in die Gesellschaft von Sierra Leone in den nächsten Jahren finanzieren zu können.»

Marietta Talck hatte auch gleich einen Vorschlag mitgebracht, wie eine Sammlung von den Schülern organisiert werden könnte. Sie stellte Informationsmaterial zur Verfügung, schlug vor, die Lokalzeitung anzusprechen, damit dort ein Artikel über die Sammlung und die Aktion «Gebt ihm die Chance, ein Kind zu sein» veröffentlicht würde.

Da meldete sich Alix mit einer Idee:

«Sollten wir nicht an dieser Schule eine öffentliche Veranstaltung organisieren unter dem Motto: Solidarität mit Kindern? Dann können wir über ‹Kids helfen Kids im Kosovo› berichten, über Craigs Arbeit und die Aktion ‹Free the Children› und auch noch über die Kindersoldaten. Dazu laden wir nicht nur unsere Eltern, sondern auch die anderen Schulen ein, und ich könnte mir vorstellen, dass die Zeitungen und das Lokalradio darüber berichten werden.»

Der Vorschlag war schnell verabschiedet, und es fehlte auch nicht an Freiwilligen, die sich sofort meldeten, um die Veranstaltung vorzubereiten. Die Schulversammlung war damit zu Ende, aber das Gehörte ließ die wenigsten los. Viele Schüler gingen nach vorne, um Craig Kielburger und Marietta Talck mit Fragen zu bestürmen, oder redeten sich auf dem Nachhauseweg die Köpfe heiß über mögliche andere Hilfsaktionen.

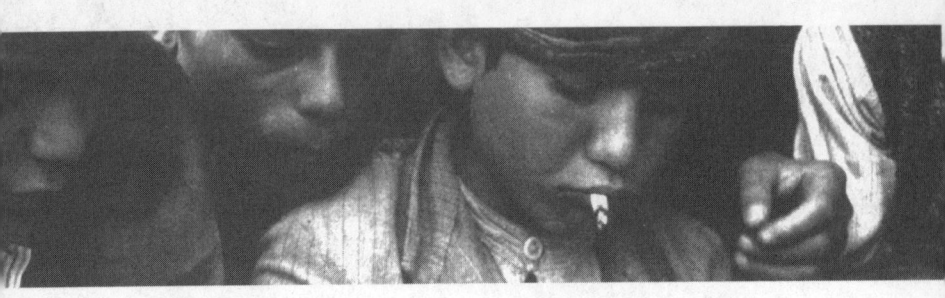

Das lass ich mir nicht bieten!

Sebastian war ein Draufgänger, und Felix bewunderte seinen Klassenkameraden. Sebastian war immer modisch gekleidet, hatte die richtige Jacke, die richtige Hose, die richtigen Schuhe, den richtigen Rucksack und auch noch ein Handy, ganz zu schweigen von ziemlich viel Taschengeld. Aber vor allem war Sebastian der Anführer einer Gang, die sich nachmittags häufig im Tennisclub traf. Wer dazugehörte, der war «in».

Sebastian und Felix hatten eine Freistunde, und der Draufgänger schlug seinem Freund vor:

«Komm, wir gehen in den Stadtpark eine rauchen!»

Felix zögerte, wollte aber nicht als Feigling dastehen, und in der Pause verdrückten sie sich schnell und ungesehen vom Schulhof. Im Stadtpark waren wenige Leute, dennoch liefen sie bis ans Ende, wo sie zwischen den Bäumen nicht so schnell entdeckt würden. Sie setzten sich auf einen Betonklotz, auf dem der Mast einer Hochspannungsleitung ruhte, Sebastian holte aus seiner Jackentasche einen kleinen Karton und sagte:

«Ich habe hier sogar prima Zigarillos, die habe ich

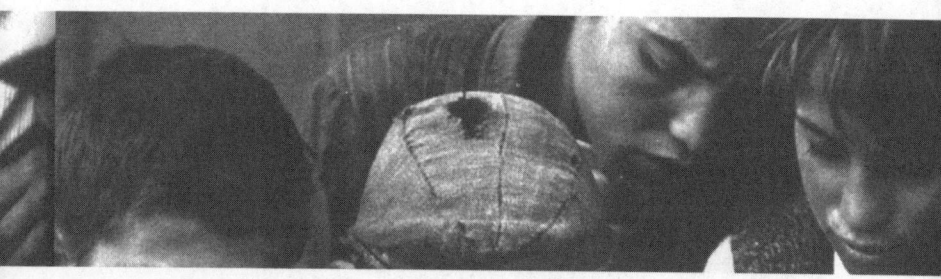

bei meinem Alten im Arbeitszimmer aus dem
Schrank gemopst!»

«Hoffentlich wird mir davon nicht schlecht», rutsch-
te es Felix raus, und er schämte sich sofort für diese
Bemerkung. Sebastian hielt ihm die Schachtel hin,
nahm sich nach Felix ein Zigarillo, führte es unter
seine Nase und zog es langsam der Länge nach hin
und her, roch daran und grunzte zufrieden. Dann
suchte er in seiner Tasche nach Streichhölzern, fand
keine und wandte sich an Felix:

«Hast du Feuer?»

«Nee ...»

«Shit.» Sebastian sah sich um, dann verdrehte er den
Kopf und schaute nach oben: «Das wär doch was.
Hast du Mut?»

«Klar habe ich Mut!»

«Dann kletterst du hier rauf und hältst das Zigarillo
gegen die Stromleitung. Das fängt da oben von allein
Feuer.»

«Da krieg ich doch 'nen Stromschlag.»

«Kriegst du nicht. Du musst es nur richtig anfangen
und auf die Isolierung achten. Das gehört bei uns
zur Mutprobe. Wenn du es jetzt machst, dann hast
du die Bedingungen erfüllt, um in unsere Gang aufgenommen zu werden. Gefährlich ist es auch nur
ganz oben. Du selber darfst die Leitung nicht be-
rühren, alles andere ist isoliert, und dir passiert
nichts. Wenn du oben angekommen bist, nimmst du
das Zigarillo und hältst es ganz vorsichtig an die

Leitung. Der Strom ist so stark, dass das Zigarillo sofort brennt. Dann steckst du das Ding in den Mund und kommst runter.»

Felix zögerte, denn er hatte Angst. Aber das Versprechen, ihn in die Gang aufzunehmen, verlockte ihn. «Na gut», sagte er, stand auf, steckte sein Zigarillo in die vordere Jackentasche und begann zu klettern. Auf halber Höhe war ein Gitter mit einer Klappe in der Mitte angebracht. Die Klappe war mit einem Schloss zugesperrt, und außen herum stand das Gitter zu weit ab, sodass Felix nicht weiterkam.

«Ich schaffe es nicht.»

«Kletter um das Gitter rum!»

Felix hing fünf Meter hoch an einer Verstrebung und sah nicht nach unten, weil ihm sonst schwindlig geworden wäre. Mit einer Hand hielt er sich am Mast fest und tastete sich mit der anderen an den Rand des Gitters vor, aber sein Arm war ein gutes Stück zu kurz. Von unten rief Sebastian:

«Lass gut sein, komm runter.»

Die Mutprobe war gescheitert, aber Sebastian sah ein, dass es nicht an Felix gelegen hatte. Auf dem Rückweg zur Schule zählte Sebastian mit großen Worten die verschiedenen Mutproben auf, die Mitglieder der Gang erfüllt hatten, um aufgenommen zu werden. Einer war wirklich auf einen Starkstrommast geklettert und hatte eine Zigarette angezündet. Einige «surften» auf der S-Bahn, das heißt, sie fuhren auf dem Dach des Zuges mit. Zwei Brüder hatten aus

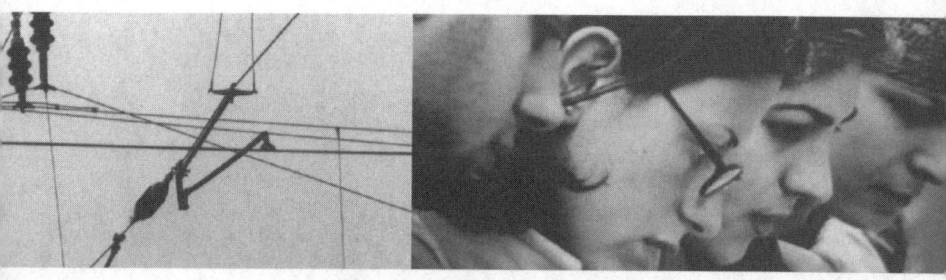

dem Urlaub ein Video mitgebracht, das sie beim
Bungeespringen von einer hohen Brücke in eine ge-
fährliche Schlucht zeigte.
«Ich habe meinem Vater schon gesagt, das will ich
auch mal machen. Und er hat es mir für den nächsten
Urlaub versprochen.»
Am Ende des Stadtparks, nicht mehr weit von der
Schule entfernt, kamen ihnen drei Jungs entgegen,
die etwa gleich alt waren, aber stärker wirkten. Sie
machten sich extra breit, so, als wollten sie Sebastian
und Felix den Weg versperren. Als sie sich gegen-
überstanden, sagte der mittlere:
«Hey, guck mal. Schöne Jacke hat der Knabe an.
Willst du uns die nicht mal leihen?»
Als Sebastian lautstark widersprach, trat der mittlere
nah an ihn heran, griff die offene Jacke mit beiden
Händen und stülpte sie über Sebastians Schultern,
sodass der sich nicht wehren konnte. Da schrie Felix
laut auf und sprang dem Angreifer auf den Rücken,
der vor Überraschung die Jacke losließ. Während die
beiden anderen versuchten, Felix vom Rücken ihres
Kumpans zu lösen, rief der:
«Lauf weg!»
Und Sebastian raste davon.

÷

«Aus aktuellem Anlass wollen wir heute über eine
Tugend sprechen, die häufig missverstanden wird»,
begann Lehrer Bolle die Stunde und zeigte auf den
lädierten Felix: «Ihr erinnert euch sicherlich an den
Besuch im Gericht. Dort ging es um Gerechtigkeit,
diesmal bietet es sich an, über *Mut* oder genauer
gesagt *Tapferkeit* zu reden, übrigens auch eine der
Kardinaltugenden nach dem Maßstab der griechischen Philosophen.»

Während Lehrer Bolle eine kleine Platzwunde über
Felix' Auge desinfizierte und ein Pflaster vorbereitete,
hatte er von dem Ausflug während der Freistunde erfahren, von der versuchten Mutprobe und den drei
Kerlen, die es auf Sebastians Jacke abgesehen hatten.
Bolle ließ die beiden ihre Geschichte erzählen, und
sie taten es ausführlich, mit Stolz, so, als hätten sie
ein großes Abenteuer gerade noch einmal gut überstanden.

«Ich will einmal davon absehen, dass es schwachsin-
nig ist, auf einen Strommast zu klettern, weil man
dabei ums Leben kommen kann. Aber ich stelle mir
die Frage, ob das wirklich mutig ist.»

Da war keiner, der es nicht mutig fand, auf einen
Strommast zu klettern, um sich ein Zigarillo an der
Leitung anzuzünden.

«Was ist denn daran mutig?», fragte Bolle.

«Man muss doch viel Angst überwinden», sagte eine
Schülerin, «um zehn Meter hochzuklettern und sich
zu trauen, trotz des gefährlichen Starkstroms was an

der Leitung anzuzünden. Man kann runterfallen, dann ist man genauso schwer verletzt wie durch einen elektrischen Schlag.»

«Oder man ist tot», sagte Bolle. «Viele nennen solch eine extreme Handlung zwar ‹Mutprobe›, aber ein vernünftiger Mensch würde eher davon sprechen, es sei wahnsinnig oder unvernünftig, so etwas zu tun. Wer den Mut nicht aufbringt, an Gummibändern aufgehängt von einer Brücke zu springen, der mag mutlos sein, aber er ist keinesfalls feige. In Wirklichkeit ist eine Mutprobe nichts anderes als ein Angriff auf sich selbst. Vielleicht ist man mit sich unzufrieden, will etwas Besonderes sein oder leisten, weiß aber nicht, wie dieser Wunsch befriedigt werden soll. Zur Ersatzbefriedigung wird dann der eigene Wille und Körper bis an seine Grenzen geführt. Denn was ist der Sinn einer Mutprobe? Man will eigentlich nur angeben, jemandem imponieren.

Sebastian hat Felix damit gelockt, er werde in die Gang aufgenommen, wenn er auf den Strommast klettert. Weil Felix nicht allein stehen, sondern zu dieser Gruppe gehören will, hat er seine Angst überwunden. Er hat seinen Verstand und seine berechtigten Bedenken ausgeschaltet und hätte sich dadurch beinahe in Lebensgefahr gebracht. Das war nicht so sehr mutig als tollkühn und dumm.

Bei afrikanischen Buschstämmen nennt man das ‹Initiationsriten› – ‹Einführungsbräuche›. Die Jungen müssen etwas Besonderes tun, um in den Kreis der

Erwachsenen aufgenommen zu werden. Ähnlich ist es
bei dieser Gruppe, sie soll die Familie, die Eltern ersetzen. Wer dazugehört, nabelt sich von zu Hause ab.
Das ist ein ganz normaler Vorgang im Leben. Aber –
es ist tatsächlich wahnsinnig, sich solche Initiationsriten auszudenken.

Der wahre Mut, die wahre Tapferkeit besteht oft gerade darin, sich nicht auf die tollkühnen Handlungen
einzulassen, die andere von einem fordern. Wenn wir
mit dem Begriff der Tugend ein Verhalten bezeich-
nen, das dem richtigen Maß zwischen zwei Extremen
entspricht, dann liegen Tapferkeit und Mut in der
Mitte zwischen Feigheit und Tollkühnheit.»

Ein Schüler meldete sich und fragte:

«Aber im Krieg müssen sich die Soldaten doch auch
in Lebensgefahr begeben. Sind die Soldaten deshalb
nicht tapfer, sondern tollkühn, unvernünftig und
dumm? Und die Deserteure und Kriegsdienstverwei-
gerer, die sich vor der Gefahr drücken wollen, wären
nicht feige, sondern die eigentlich Tapferen?»

«Ganz so einfach ist das nicht», sagte Bolle. «Ent-
scheidend ist, ob der Soldat und der Deserteur einen
moralischen Grund für ihr Handeln haben.

Bei Ausbruch des Ersten Weltkrieges zum Beispiel
gab es in Deutschland eine ungeheure Kriegsbegeis-
terung, von der viele sich haben anstecken lassen.
Wer aber aus reiner Kriegslüsternheit, aus blindem
Hass, aus Rachsucht oder einfach trunken vor Sieges-
gewissheit in den Kampf zieht, der handelt nicht

wirklich tapfer, denn er hat keine vernünftigen – früher sagte man auch edlen – Beweggründe für sein Töten.

Anders ist es, wenn der Soldat in den Krieg zieht, um sein Volk, sein Land und die demokratischen Werte zu verteidigen. Dies zu tun, bedeutet äußerste Tapferkeit. Unter bestimmten Umständen kann aber auch das Desertieren oder die Verweigerung des Kriegsdienstes ein Akt äußerster Tapferkeit sein. Dann nämlich, wenn der Soldat erkennt, dass das Regime und die Gründe, für die er töten soll, verbrecherisch und menschenverachtend sind und er es mit seinem Gewissen nicht vereinbaren kann, solch einen Staat zu verteidigen. Das trifft zum Beispiel auf viele Deserteure im Dritten Reich zu. In den Augen der Nazis waren sie allesamt Feiglinge und Verräter, die mit dem Tode bestraft wurden; aus unserer heutigen Sicht hingegen waren das mutige und tapfere Männer, die gegen Unrecht aufbegehrten und sich für eine gerechtere und friedlichere Gesellschaft einsetzten.

Auch die Hitlerattentäter aus Militärkreisen werden heute zu Recht hoch geehrt. Wie alle deutschen Soldaten hatten sie einen Treueeid auf den Führer Adolf Hitler geschworen, an den sie sich moralisch gebunden fühlten. Aber einige Militärs erkannten, dass es angesichts der grausamen Verbrechen der Nazis wichtiger und moralischer war, Hitler zu stürzen und damit den Eid zu brechen, als dem Schwur

zu gehorchen und das Unrecht weiter mitzuverant-
worten. Eine Gruppe um Oberst Claus Schenk Graf
von Stauffenberg versuchte deshalb am 20. Juli 1944,
Hitler mit einer Bombe zu töten. Das Attentat miss-
lang, und Stauffenberg und seine tapferen Mitver-
schworenen wurden hingerichtet.

Voraussetzung für Tapferkeit ist, dass der Handelnde
etwas für ihn Gefährliches tut, obwohl er von der
Gefahr für sich selbst weiß. Aber aus moralischen
Gründen meint er, so handeln zu müssen. Wer gar
nicht ahnt, dass er sich in Gefahr begibt, oder nur
niedrige Beweggründe dafür hat, der kann auch nicht
tapfer sein.

Als Felix vorhin Sebastian geholfen hat, als die drei
Burschen ihm die Jacke wegnehmen wollten, war er
tapfer. Denn er wusste, dass es gefährlich war, sich
mit den dreien anzulegen. Aber er tat es trotzdem,
weil sein Freund in Gefahr war und er ihm helfen
wollte. Das ist ein edles, uneigennütziges Motiv.»

«Ich habe aber überhaupt nicht nachgedacht», rief
Felix. «Ich habe ganz automatisch reagiert.»

«Das zeigt, dass du gelernt hast, gegen Ungerechtig-
keit aufzubegehren. Und das ist mutig und tapfer.
An Felix' Verhalten seht ihr schon, dass die Tugend
der Tapferkeit nicht nur im Krieg gefordert ist. Auch
in Friedenszeiten stünden wir ohne tapfere Menschen
viel schlechter da. Allerdings klingt das Wort Tapferkeit ein wenig veraltet. Wir sprechen heute eher von
Zivilcourage.

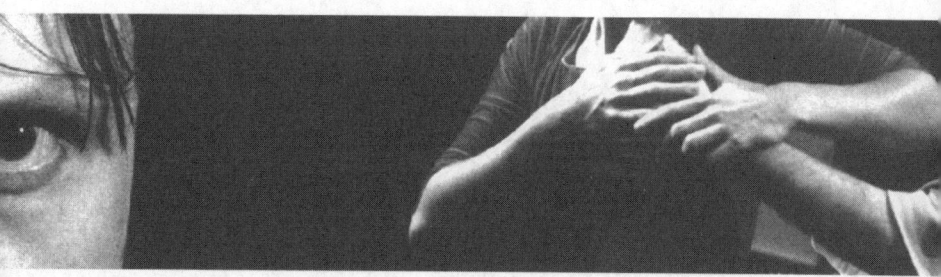

Courage stammt aus dem Französischen und bedeutet nichts anderes als Mut; *zivil* bedeutet bürgerlich im Gegensatz zu militärisch. Zivilcourage haben bedeutet, Mut zu beweisen im Alltag einer bürgerlichen Gesellschaft, auch gegenüber den Mächtigen in einer Demokratie. Denn selbst eine funktionierende Demokratie ist keine Garantie dafür, dass es in vielen kleinen alltäglichen Dingen nicht doch mal ungerecht zugeht – aber nicht nur da. Der ehemalige Bundespräsident Roman Herzog hat deshalb gesagt: ‹Das meiste Unrecht beginnt im Kleinen – und da lässt es sich mit Mut und Zivilcourage noch bekämpfen.› Könnt ihr euch darunter etwas vorstellen?»

«Wenn Sie mal ungerechte Noten geben!», rief Felix, und alle lachten laut – selbst Bolle.

«Das ist gar nicht falsch. Auch ein Lehrer kann ungerecht sein oder etwas tun, was nicht richtig ist. Weil Lehrer aber Macht gegenüber einem Schüler haben, müssen die Mut aufbringen, um dem Lehrer zu widersprechen. In einem besonders schlimmen Fall wenden sie sich vielleicht sogar an den Schuldirektor, und dazu benötigen sie Mut oder auch Zivilcourage. Manchmal braucht es schon Mut, eine andere Meinung als die Mehrheit laut zu vertreten. Da beginnt Zivilcourage.

Ich habe aus der Videothek der Schule ein Fernsehinterview mitgebracht, in dem der Bundestagspräsident Wolfgang Thierse erzählt, wie er als Kind

gelernt hat, für eine eigene Meinung einzutreten.
Wolfgang Thierse ist in Schlesien geboren worden.
Als diese Gegend nach dem von Deutschland verlore-
nen Zweiten Weltkrieg an Polen fiel, zog die Familie
Thierse nach Thüringen. Thüringen war aber Teil
der DDR, also einer Diktatur. Schauen wir uns das
Video an.»
Bolle schob die Kassette in das Videogerät und
drückte auf den Abspielknopf. Wolfgang Thierse saß
auf einem modernen Sessel in der Berliner Kultur-
brauerei, und ein Journalist fragte ihn:
«Sie haben sich nie als einen Helden bezeichnet. Wie
verlief Ihre Jugend in der DDR?»
«Ich bin in einer Kleinstadt am Südhang des Thürin-
ger Waldes aufgewachsen», antwortete Wolfgang
Thierse. «Mein Vater war Rechtsanwalt. Ich glaube,
ein ganz tapferer Mann. Von Kindesbeinen an habe
ich ganz unterschiedliche Minderheitserfahrungen
gemacht: Ich kam von Schlesien nach Thüringen. Ich
bin katholisch aufgewachsen in einer Umgebung, wo
fast alle evangelisch waren. Später war ich als über-
zeugter Christ immer in der Minderheit gegenüber
einer Mehrheit, die nichts mit dem Christentum am
Hut hatte. Noch später, im Berufsleben, gehörte ich
zu denjenigen, die nicht in der SED (Sozialistische
Einheitspartei Deutschlands) waren. Die meisten
waren in der SED. Das hat mein eigenes Leben ge-
prägt. Von meinem Vater habe ich die Grundüber-
zeugung gelernt: Wenn andere etwas tun, wenn eine

Mehrheit einer bestimmten Meinung ist, muss es
noch lange nicht richtig sein. Du selber, hat mein
Vater immer gesagt, musst deiner Sache sicher sein,
dann kannst du auch alles ertragen.»
«Sie haben damals die Jugendweihe nicht mitge-
macht. Aus christlichen Gründen?»
«Ganz selbstverständlich. Und das sind dann auch
Erfahrungen, die einem ein bisschen Selbstvertrauen
in dieser kleinen Stadt einflößten. In der Schule gab
es zwei Parallelklassen. In der einen Klasse sind fast
alle zur Jugendweihe gegangen. In meiner Klasse
haben es die wenigsten getan. Und das hatte ein
bisschen mit meinem Vorbild zu tun. Das spürt man
ja schon als Junge, man bemerkt plötzlich, dass andere hinschauen, was du machst, wie du deine Entscheidungen begründest. Das macht das eigene Leben
etwas wichtiger, als es sonst gewesen wäre.»
«Sie sind auch nicht zum Militärdienst gegangen.
Wie haben Sie das gedeichselt?»
«Das ist eine klassische Felix-Krull-Geschichte. Ich
wusste, dass ich nicht zur Armee gehen wollte, wie
man das zu DDR-Zeiten sagte. Und ich hab überlegt,
wie kannst du das so tun, dass der Konflikt für dich
erträglich ist. Ich wollte Gesellschaftswissenschaft
studieren und wusste, wenn ich den Militärdienst
verweigere, habe ich keine berufliche Chance. Also
habe ich mit 19 Jahren angefangen, eine Krankenge-
schichte zu erfinden und zu leben, und hab das über
viele Jahre durchgehalten.»

113

«Was für eine Krankheit war das?»
«Ich habe eine wirkliche aus der Pubertät einfach
weiterentwickelt. Ich hatte immer irrsinnige Kreis-
laufbeschwerden, und körperliche Anstrengungen
sind mir ein paar Jahre meines Lebens eher schwer
gefallen. Da hab ich gesagt, das ist doch etwas, das du
ausbauen kannst. Und das ist mir auch gelungen.
Nach vielen, vielen Jahren habe ich eine Urkunde
bekommen, die schönste meines Lebens. Die ist
nicht mehr zu übertreffen. Und auf der wird mir mit
Passbild bescheinigt, dass ich lebenslänglich dienst-
untauglich bin. Da war ich allerdings schon 27 oder
28 Jahre alt.
Aber das ist auch wiederum eine typische DDR-Ge-
schichte, denn dazu musste man Verbündete finden.
Eine medizinische Koryphäe, ein Professor, der über-
zeugter Kommunist war und zugleich Pazifist, wusste
genau, aus welchem Grunde er mir ein Gutachten
erteilt. Und mit dem ging ich zur endgültigen Muste-
rung. Der zuständige Arzt stand förmlich stramm vor
diesem Gutachten.»
«Weshalb haben Sie sich dann politisch engagiert, als
die Wende kam? Was hat Sie dazu veranlasst?»
«Ich war von Kindesbeinen an politisch motiviert.
Diese ganz frühe Prägung hat sicher auch mit der
deutschen Spaltung zu tun und mit dem Leiden daran. Im Herbst 1989, als das Volk in der DDR sich
gegen die Regierung auflehnte, habe ich das Gefühl
gehabt, wenn ich jetzt nicht auf die Straße gehe,

wenn ich mich jetzt nicht einmische, werde ich mich
mein ganzes Leben lang vor meinen Kindern schä-
men. Denn wir hatten alle das Gefühl, wenn jetzt
nichts passiert, wenn wir, die Bürger, das Volk, nicht
die Chance ergreifen, dann geht es wieder schief, und
wir bleiben die nächsten dreißig, vierzig Jahre in den
unsäglichen Verhältnissen, unter denen wir mehr
oder minder lautlos gelitten haben.»
An dieser Stelle schaltete Bolle den Videoapparat ab,
und schon meldete sich Sebastian.
Ganz seinem Charakter als Draufgänger entsprechend, fragte er:
«Ist das nicht feige, wie er sich vor dem Militärdienst
gedrückt hat?»
«Was hätte er denn deiner Meinung nach tun sollen?»
«Er hätte doch einfach verweigern können.»
«Das wäre in Westdeutschland möglich gewesen,
weil die Bundesrepublik eine wirkliche Demokratie
ist und hier niemand wegen seiner politischen Meinung benachteiligt werden kann. Dazu gehört auch
die Verweigerung des Wehrdienstes.
In Ostdeutschland war es gesetzlich zwar erlaubt, den
Wehrdienst zu verweigern, aber weil dort eine Diktatur herrschte, wurde derjenige benachteiligt, der
nicht zur Armee wollte. Er konnte nicht studieren
und hatte große Schwierigkeiten im Berufsleben.
Nun heißt tapfer sein oder Zivilcourage haben nicht
unbedingt, eine offene Auseinandersetzung zu

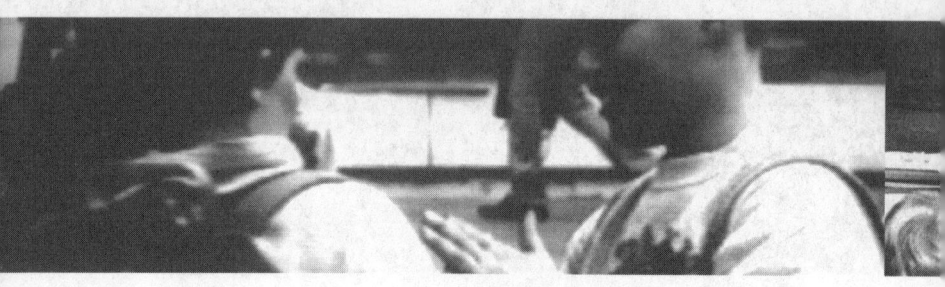

suchen – sei es friedlich oder mit Gewalt, sondern: Es
ist erlaubt und häufig sogar empfohlen, eine List an-
zuwenden. So wie Wolfgang Thierse sich eine Krankheit bescheinigen lässt, an der er in Wirklichkeit gar
nicht leidet. Und er findet ja auch einen Arzt, der ihm
hilft. Für beide wäre diese Situation nicht ungefähr-
lich gewesen, wenn die List aufgeflogen wäre.
Mit einfachen Listen haben sich zu Zeiten der DDR
auch viele Menschen geweigert, für ihren Geheim-
dienst – den so genannten Staatssicherheitsdienst –
zu arbeiten. Da wirkte schon die Ausrede, man könne
nichts geheim halten und müsse immer über alles
reden, um in Ruhe gelassen zu werden. Das mag euch
läppisch und wenig tapfer erscheinen, aber unter den
Bedingungen einer Willkürherrschaft, in der die
Rechte des Einzelnen nicht garantiert waren und die
Einschüchterung der Bürger Methode hatte, erfor-
derte schon so eine Ausrede – die ja praktisch eine
Verweigerung der Zusammenarbeit mit der Stasi dar-
stellte – enorm viel Mut.
Weil jeder Staatsbürger mitverantwortlich ist für den
Zustand der Gesellschaft und des politischen Sys-
tems, in dem er lebt, muss er den Mut haben, sich
ungerechten Handlungen entgegenzustellen. Mut
und Zivilcourage werden aber den wenigsten mit in
die Wiege gelegt. Und sich in Mut und Zivilcourage
zu üben, ist keinesfalls immer ein leichter Weg.
Unter den Bedingungen einer Diktatur ist er noch
schwieriger als in einer Demokratie. Aber er lohnt

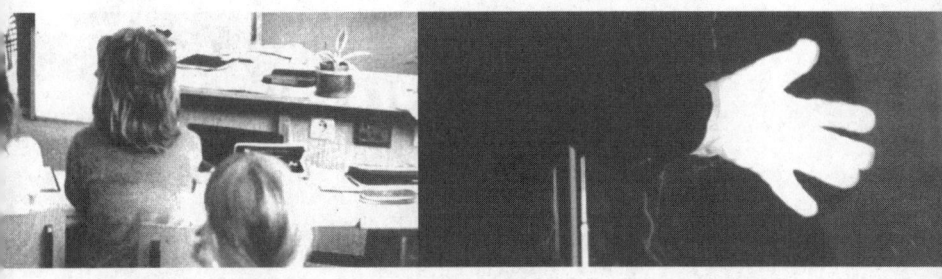

sich. Denn langfristig wird derjenige höher einge-
schätzt, der aufrecht durchs Leben geht und eine
eigene Persönlichkeit wird, als derjenige, der
schweigt, blind gehorcht, sich duckt und anpasst.
Selbst ein Soldat muss nachdenken, ob ein Befehl
richtig, also moralisch gerechtfertigt, ist oder nicht.
In der demokratischen Gesellschaft sind es oft ganz
alltägliche Ereignisse, die Zivilcourage verlangen:
dem Vorgesetzten die Wahrheit sagen, einem bruta-
len Rassisten Einhalt gebieten, einen Lehrer vom
Mobbing eines Mitschülers abhalten. Immer wird
man dabei Angst verspüren, berechtigte Angst: vor
Vergeltung, vor körperlicher Gewalt, vor beruflichen
Nachteilen. Mut ist, diese Angst für die gerechte
Sache zu überwinden.
Ein mutiger Beamter ist Paul van Buitenen. Als
Wirtschaftsprüfer bei der Europäischen Union waren ihm merkwürdige Rechnungen, Belege und Ver-
träge aufgefallen. Er untersuchte sie genauer und
erfuhr so von Betrugs- und Bestechungsaffären in
der Europäischen Kommission. Er schrieb einen Bericht über Unterschlagung und offene Vetternwirt-
schaft, doch seine Vorgesetzten legten den Aktenver-
merk beiseite und versetzten van Buitenen in eine
andere Abteilung, wo er nichts mehr erfuhr. Weil er
aber davon überzeugt war, dass es galt, einen großen
Schaden von der Europäischen Union – und damit
letztlich von deren Bürgern – abzuwenden, besprach
er sich mit seinem Pfarrer, ob er die brisanten Un-

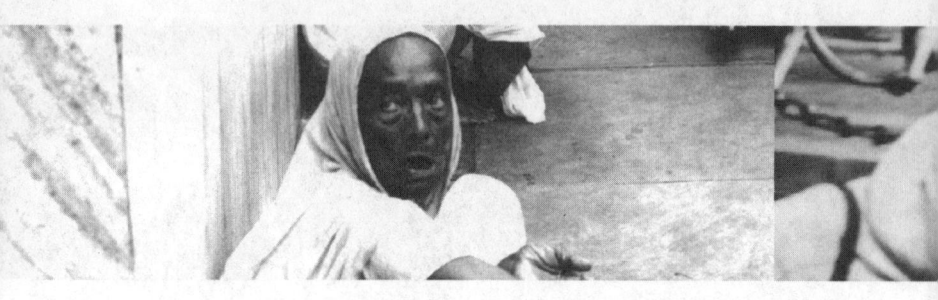

terlagen trotz des bestehenden Dienstgeheimnisses
weitergeben dürfe. Dann informierte er einige
Abgeordnete des Europäischen Parlaments über
seinen Bericht.
Was van Buitenen aufgedeckt hatte, war so schlimm,
dass schließlich die gesamte Europäische Kommission
zurücktreten musste. Nun hätte man doch erwarten
können, dass der mutige Beamte für seine Zivilcourage belohnt würde. Aber nein, sein Vorgesetzter enthob
ihn wegen des Verstoßes gegen das Dienstrecht vom
Dienst und halbierte sein Gehalt. Erst nach einer
Weile bekam van Buitenen wieder einen vollen Job.
Aber er sagte, er sei trotz des Ärgers, den er ertragen
musste, immer noch davon überzeugt, richtig gehandelt zu haben, und würde es wieder tun.
Was für Beispiele für Zivilcourage fallen euch denn
ein?»
«Also mir fällt da zuerst auf, dass manche Politiker
keine Zivilcourage haben. Dabei sollten doch gerade
die sich für das Wohl der Gesellschaft einsetzen. Stattdessen sind sie korrupt wie die früheren Mitglieder der
Europäischen Kommission und interessieren sich vor
allem für ihr eigenes Wohl und das ihrer Partei. Aus
Angst, die nächste Wahl – und damit die Macht – zu
verlieren, sprechen sie unangenehme Wahrheiten gar
nicht erst aus und gehen unangenehmen Problemen
aus dem Weg. Schlimmer noch, statt die Bürger aufzu-
klären, bestärken manche Politiker sie sogar noch
feige in ihren Vorurteilen und Ängsten, zum Beispiel

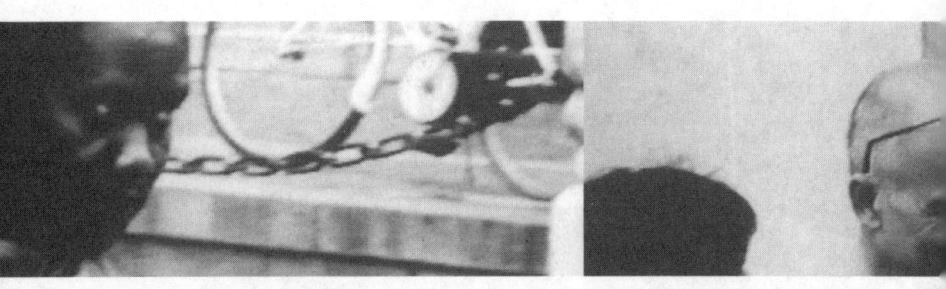

gegenüber Ausländern. Dabei wäre doch gerade hier
Zivilcourage gefragt – selbst, wenn man dadurch
riskiert, die nächste Wahl zu verlieren.»
«Genau», fiel ein anderer Schüler ein, «Ausländer-
feindlichkeit darf man nicht dulden.»
«Und auch keine rassistischen Witze», sagte Yvonne
mit einem viel sagenden Blick auf Sebastian und
Harald, die gerade darüber gesprochen hatten, dass
sie ihre «Zivilcourage» heute Nachmittag beim
«Negerklatschen» beweisen wollten.
«Du verstehst aber auch gar keinen Spaß, willst wohl
immer politisch korrekt und verbiestert sein, oder?»,
sagte Sebastian.
«Es gibt eben Dinge, über die man keine Witze
macht. Und dazu gehören rassistische Sprüche.
Wenn ihr vom ‹Negerklatschen› redet, hört für mich
der Spaß auf.»
«Das sagen die doch immer», kam jetzt Markus Sebastian und Harald zu Hilfe. «Da ist doch nichts dabei. Die meinen das ja auch nicht so. Sind doch keine
rechtsradikalen Glatzen, die beiden.»
«Ich finde es trotzdem ganz wichtig und richtig,
selbst im Freundeskreis dagegenzuhalten und wie
Yvonne mutig und klar seine Meinung zu sagen»,
mischte sich nun wieder Lehrer Bolle in die Diskussion ein. «Was jetzt noch als Spaß daherkommt,
könnte ja mal Ernst werden. Deshalb sollte man den
Anfängen wehren. Meist macht man das nicht, weil
man sagt, na ja, das sind ja Kumpels, die kennt man.

119

Man beruhigt sich selbst, indem man sich sagt, die meinen das gar nicht so. In der Öffentlichkeit der Schule zeigt man Zivilcourage und widerspricht dem Direktor, doch im Privaten lässt man die Leute reden. Und die denken dann leicht, dass alle ihrer Meinung sind, weil keiner ihnen widerspricht. Freundschaft oder Verwandtschaft sollte einen aber niemals daran hindern, einzugreifen, wenn die Menschenwürde oder die Gebote der Gerechtigkeit und Fairness verletzt werden.

Ich erinnere mich daran, dass eine Tante meinen Cousin körperlich wirklich misshandelt hat. Und niemand hat etwas gesagt, meine Eltern nicht, ich nicht. Wir wollten uns einfach nicht einmischen, weil wir dachten, das geht uns nichts an, die Tante wird schon wissen, was sie tut. Heute weiß ich, dass unsere Zurückhaltung falsch war. Und eins habe ich damals auch gelernt: Wenn einer mutig ist und Zivilcourage zeigt, dann soll man ihn unterstützen. Denn wer sich unterlegen fühlt, weil er allein gegen viele steht, der zögert vielleicht, ob er handeln soll.»

Mit anderen Meinungen leben lernen

«Ich wusste gar nicht, dass du so nett sein kannst»,
sagte Sebastian zu Cem, einem türkischen Mitschü-
ler, den er und die Gang in der Schule bisher mit
Hochmut übersehen hatten, und wenn sie mit ihm
sprachen, dann höchstens, um ihm eine Tracht Prügel anzudrohen.
«Und ich dachte, du kannst nur kloppen», antwortete Cem.
Sie saßen friedlich nebeneinander auf der Bank im
Schwimmbad. Friedrich hatte kurz entschlossen die
Gang, die Jugendschwimmgruppe und eine Gruppe
von Jungs und Mädchen aus dem türkischen Verein
zu einem Nachmittag im Schwimmbad eingeladen,
denn Felix hatte ihm von der Diskussion in der Schule erzählt. Friedrich gab vor, er wolle sie gemeinsam
trainieren und dann einen Wettbewerb veranstalten.
Das war aber nur ein Vorwand, um sie zusammenzu-
bringen und um zu helfen, Vorurteile abzubauen.
Friedrich hatte jeden gebeten, sich den anderen vor-
zustellen, und daraus hatte sich ein spannendes Ge-

spräch über das Wort *Toleranz* ergeben. Der Ursprung
dieses Begriffs liegt, wie bei so vielen Wörtern, die
wir benutzen, im Lateinischen, und er kommt von *to-
lerare*, was ins Deutsche übersetzt erdulden bedeutet.
«Heute wird die Toleranz ja häufig von Politikern in
Reden beschworen», sagte Friedrich, der sich für
diesen Tag besonders gut vorbereitet hatte, «etwa
wenn wieder einmal Neonazis Ausländer, Juden oder
Behinderte gejagt, misshandelt oder gar umgebracht
haben. Man gewinnt manchmal den Eindruck, die
Toleranz sei eine Floskel und bedeute, man sei schon
tolerant, wenn man Menschen anderer Geburt, anderer Kultur oder anderen Glaubens neben sich dul-
det.»
«Aber das ist doch schon eine ganze Menge», warf
die Schwimmerin Yvonne ein. «Als Rechtsradikale in
Solingen das Haus angesteckt haben, in dem dann
Türken verbrannt sind, haben Politiker und auch
Vertreter der Kirchen gesagt, man solle tolerant sein
gegenüber ausländischen Bürgern, dann würden
solche schrecklichen Sachen nicht vorkommen. Und
das stimmt ja auch.»
«Es ist schon der richtige Ansatz, da hast du Recht.
Man müsste mal untersuchen, weshalb Menschen so
intolerant sind, weshalb Rechtsradikale gegen Ausländer vorgehen. Einfach gesagt liegt es daran, dass
sie unsicher, vielleicht wenig selbstbewusst sind. Mal
'ne Frage an Sebastian. Warum habt ihr von ‹Negerklatschen› gesprochen?»

Sebastian wurde rot, dann sagte er:
«Wir haben uns dabei nichts gedacht. Das ist halt so
'n Spruch. Weil die anders sind und auch nicht von
hier. Die gehören nun mal nicht zu uns.»
«So denken manche Leute, aber das ist falsch. Es gibt
keinen Wertunterschied zwischen einzelnen Menschen, ganz gleich, wo sie herkommen. Ich will mal
davon ausgehen, dass ihr gar nicht bösartig, sondern
nur unüberlegt so geredet habt. Leute, die unwissend
oder unsicher sind, vielleicht auch ängstlich, suchen
Stärke darin, dass sie sich ein Feindbild aufbauen.
Der Feind verkörpert für sie das Böse, und damit erklären sie sich zu den Guten. Wenn sie nun den
vermeintlichen Feind angreifen, glauben sie, das
Gute zu verteidigen und das Böse zu bekämpfen.
Aber sie verteidigen weder das Gute, noch bekämpfen sie das Böse, im Gegenteil: Was sie tun, ist falsch,
ja, ziemlich dumm. Sie handeln aus Vorurteilen. Und
Vorurteile sind der freiwillige Verzicht auf das Denken, also selbst verschuldete Dummheit! In diesem
Denken liegt auch der Ursprung des Antisemitismus,
nach dem Motto: Der Jude ist an unserem Unglück
schuld. Das ist natürlich Quatsch, wurde aber von
vielen Christen lange geglaubt und hatte arge Folgen.»
Das Schwimmbad war ein merkwürdiger Ort für
dieses Gespräch, aber alle hörten aufmerksam zu.
Friedrich holte weit aus. Er wollte erklären, wie es
über Jahrhunderte hinweg zur Verfolgung der Juden

gekommen war, als Musterbeispiel für Intoleranz und Feinddenken.

Bei den alten Griechen und Römern, so erzählte er, lebten viele Götter nebeneinander, aber keiner beanspruchte für sich die alleinige Wahrheit. Auf diese Weise war fast jeder Mensch in seinem Glauben weitgehend frei. Nur die an einen einzigen Gott glaubenden und eine absolute Wahrheit beanspruchenden Juden und Christen wurden verfolgt, wohl auch, weil sie eine vermeintliche Gefahr für die bestehende kulturelle und politische Ordnung darstellten.

Erst mit der Ausweitung der Religionen, die man *monotheistisch* nennt, weil sie auf *einen* Gott bezogen sind, wie Judentum, Christentum und Islam, wurde die Frage, wer nun Recht habe, zum Problem. Wer an seinen Gott, an seine Religion glaubte, der hielt die Ansicht der anderen für falsch. Und nachdem der von der römischen Kirche und ihren Päpsten vertretene Glaube an das Christentum in Europa zur Staatsreligion geworden war, führte die damit verbundene Intoleranz über Jahrhunderte hinweg zu Kreuzzügen und Massenmorden, zu schrecklichster Folter und Verbrennungen Andersgläubiger auf dem Scheiterhaufen. Den Juden warfen die Christen vor, sie hätten Jesus, Gottes Sohn, ans Kreuz genagelt und getötet. Erst als die christliche Kirche sich in der Reformationszeit selber in unterschiedliche Glaubensrichtungen (katholisch, protestantisch, griechisch-orthodox) aufzuspalten begann, wurde der Ruf nach der Tole-

ranz der verschiedenen Glaubensüberzeugungen
laut.

Vor allem die Aufklärung forderte dann, dass der
Staat tolerant zu sein habe, das heißt, dass er die unterschiedlichen religiösen, sozialen, politischen und
wissenschaftlich-philosophischen Überzeugungen
gelten lassen müsse. In den modernen demokratischen Verfassungen findet dieses Toleranzgebot seinen Niederschlag in der Garantie der Glaubens-,
Gewissens- und Bekenntnisfreiheit, der Kultur- und
Religionsfreiheit sowie der Grund- und Menschenrechte.

Da meldete sich Yvonne:

«Wir haben in der Klasse gerade das Stück ‹Nathan
der Weise› von Lessing durchgenommen. Darin steht
die ‹Ringparabel›, die wurde uns als das Musterbeispiel für Toleranz geschildert.»

«Wie geht die?», fragte Sebastian.

«Ein Mann im Morgenland besaß einen kostbaren
Ring, der eine geheime Kraft ausstrahlte und dem
Träger des Rings Glück brachte. Er hatte ihn von
seinem Vater geerbt und sollte den Glücksring an
den seiner Söhne weitergeben, der ihm am liebsten
war.

Nun hatte er drei Söhne, die er alle gleich gern
mochte. Vielleicht mal den einen mehr als den anderen. So versprach er insgeheim jedem der drei den
Ring im Fall seines Todes. Als er nun alt wurde, ließ
der Vater von einem Künstler zwei Kopien herstellen,

125

die so gelungen waren, dass niemand sagen konnte, welches der echte Ring war. Als er im Sterben lag, ließ er seine Söhne einzeln zu sich kommen und gab jedem einen Ring. Nach dem Tod des Vaters wollte nun jeder der Söhne Chef des Hauses sein, keiner konnte aber nachweisen, dass er den rechten Ring besaß.

Und Nathan der Weise erzählt dieses Beispiel dem Sultan Saladin, um zu sagen, niemand kann nachweisen, welche von den drei Religionen – Judentum, Christentum und Islam – die einzig richtige ist. Jede ist nämlich für sich richtig. Also soll jeder die Religion des anderen dulden – das heißt: tolerieren.»

«Mich hat an der ‹Ringparabel› immer etwas gestört», sagte Friedrich. «Denn einen religiös oder politisch Andersdenkenden einfach zu dulden und gewähren zu lassen, das bedeutet doch nur Gleichgültigkeit gegenüber dem anderen, selbst dann, wenn dieses Dulden mit Freundlichkeit verbunden ist. Toleranz sollte meines Erachtens mehr sein.»

«Was kann man denn noch mehr wollen?», fragte Cem.

«Manche türkische Mädchen tragen immer ein Kopftuch», sagte Friedrich. «Das wirkt hier in Deutschland auf viele fremdartig. Was ist nun deiner Meinung nach besser: wenn die Deutschen dulden, dass die Mädchen so in die Schule kommen, ohne den Grund für dieses Verhalten zu kennen, oder wenn die Deutschen verstehen, weshalb die Mädchen

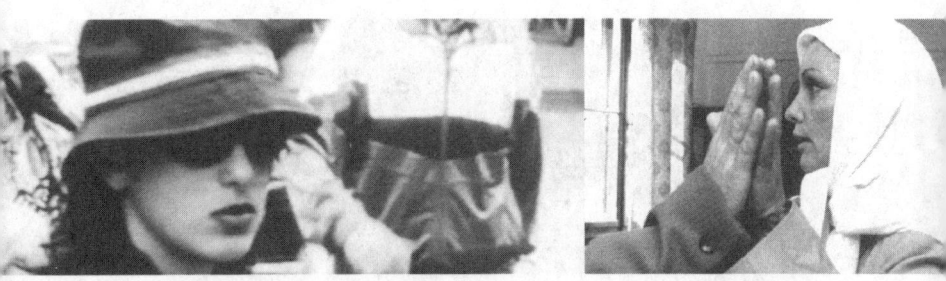

dies tun? Es hat nämlich mit dem islamischen Glauben zu tun.»

«Wissen ist sicherlich besser», antwortete Cem.

«Und nur das Wissen kann zur wirklichen Toleranz führen», meinte Friedrich. «Das Ziel der Toleranz ist der friedliche Umgang der Menschen mit ihrem jeweils anders begründeten Verhalten. Jeder hat für sich eine andere feste Überzeugung, eine andere ‹Wahrheit›.

Ich verstehe Toleranz so, dass die Überzeugung des anderen nicht nur geduldet, sondern auch als gleichberechtigt anerkannt wird, solange sie nicht gegen die demokratischen Grundwerte verstößt. Das ist schwierig, und deshalb ist die Toleranz eine schwierige Tugend. Denn sie setzt Vernunft voraus, Wissen und die Fähigkeit zur Erkenntnis.

Ihr müsst eines wissen: Niemand hat absolut Recht, denn es gibt die absolute Wahrheit nicht. Jeder kann nur mehr oder weniger gut seine eigene Ansicht vertreten. Das führt aber dazu, dass sich immer wieder viele verschiedene Überzeugungen gegenüberstehen.

Toleranz verlangt von jedem, dass er bereit ist einzugestehen, dass seine Überzeugung zunächst nur für ihn gilt, also nicht absolut ist, sondern nur relativ. Und dass er bereit ist, seine eigenen Vorstellungen und Überzeugungen, all das, was man denkt, woran man glaubt, immer wieder zu überprüfen. Ist all das wirklich richtig, oder macht man es sich zu leicht und

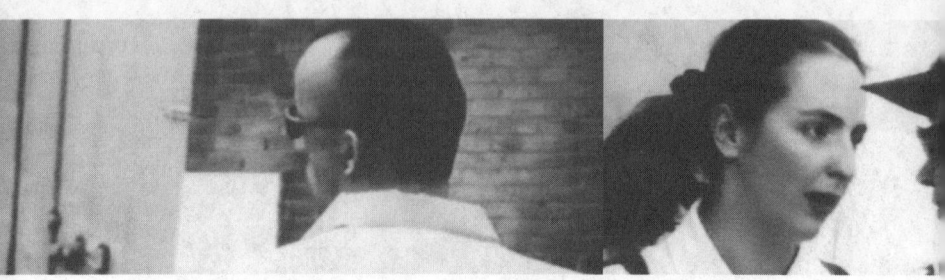

behauptet: ‹Ich habe Recht, ich habe die Wahrheit gepachtet. Die anderen haben Unrecht›? Toleranz ist also nicht nur eine wichtige Handlungsregel für das gesellschaftliche Zusammenleben, sondern auch eine Forderung nach geistiger, intellektueller Aufrichtigkeit.»

Und dann griff Friedrich zu einem Buch, in das er Lesezeichen gelegt hatte, schlug es auf einer bestimmten Seite auf, schaute hinein und sagte: «Der französische Denker Voltaire hat auf die Frage ‹Was ist Toleranz?› geantwortet: ‹Toleranz ist die notwendige Folge der Einsicht, dass wir fehlbare Menschen sind: Irren ist menschlich, und wir alle machen dauernd Fehler. *So lasst uns denn einander unsere Torheiten verzeihen.*› Voltaire meint, wir sollen unsere Fehler zugeben, sollen unsere Unwissenheit eingestehen.

Was ist also Toleranz? Sie ist ein Wert, der das rechte Maß vorgibt, wie Personen miteinander umgehen sollen, die unterschiedliche Religionen, Überzeugungen – also unterschiedliche Wahrheiten, wie die Philosophen das nennen – vertreten.»

«Wenn Sie von unterschiedlichen Wahrheiten sprechen», fragte Sebastian, «bedeutet das dann nicht, dass niemand weiß, was die wirkliche Wahrheit ist? Dass es also nur verschiedene Ansichten über das gibt, was wir Wahrheit nennen?»

«Ja, genau so ist es. Die Toleranz verlangt, dass jeder bereit ist einzugestehen, dass seine Wahrheit nur

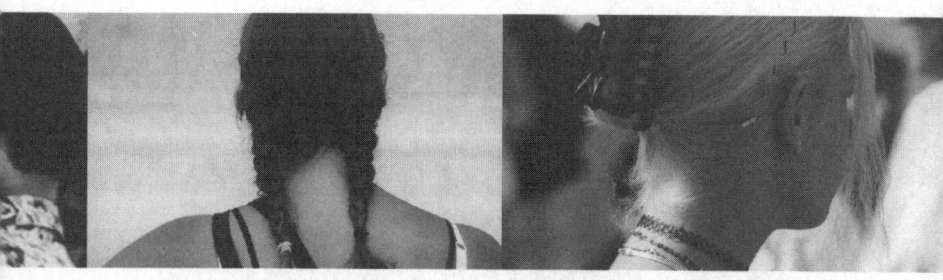

relativ ist. Tatsächlich hat sich ja fast jede Erkenntnis
– auch die der größten Wissenschaftler – als fehlbar
erwiesen, und sei es erst nach Hunderten von Jahren.
Denkt doch nur daran, wie lang die klügsten Menschen geglaubt haben, die Erde sei eine platte Schei-
be und keine Kugel!

Wer nun den anderen anerkennt, muss akzeptieren,
dass in der eigenen Wahrheit genauso viele Fehler
enthalten sein können, wie er sie in der Wahrheit
seines Gegenübers vermutet. Das fällt allen Menschen – auch den angeblich Weisen – schwer, denn
Fehler gibt niemand gern zu. Damit werden häufig
persönliche Gefühle, Eitelkeiten oder gar Ängste
getroffen.

Die moderne Definition von Toleranz fordert deshalb, dass wir unsere Einstellung zu den eigenen
Fehlern verändern. Bevor wir den anderen beurteilen,
müssen wir lernen, uns selbst in Frage zu stellen.
Und das ist wirklich sehr schwer. Aber wenn man es
einmal gelernt hat, kommt man sehr viel weiter.

Wird man von einem anderen kritisiert, so sollte man
dies nicht als persönlichen Angriff verstehen, sondern überlegen, ob die Kritik gerechtfertigt ist.

Man kann das ‹Prinzip der Fehlbarkeit› aufstellen
und sagen: ‹Vielleicht habe ich Unrecht, und vielleicht hast du Recht. Aber wir können auch beide
Unrecht haben … Deshalb sollten wir versuchen,
möglichst unpersönlich unsere Gründe für unsere
jeweilige Ansicht abzuwägen.›

Grundsätzlich solltet ihr davon ausgehen: Es gibt niemanden, der alles weiß. Jeder Mensch kann irren, und werde er noch als die allergrößte Autorität – wie etwa Albert Einstein – gerühmt; denn es ist unmöglich, alle Fehler zu vermeiden. Man soll das zwar versuchen, aber niemandem wird es völlig gelingen. Wer bereit ist, mit dem Wissen zu leben, dass er Fehler begehen kann, der gesteht dies auch anderen zu. Einer der größten Fehler, die man begehen kann, lautet: Ich habe mich geirrt, aber damit dies niemand merkt, werde ich mein Versehen vertuschen, verheimlichen und so schnell wie möglich vergessen. Stattdessen müssen wir lernen, Fehler möglichst zu vermeiden. Wenn wir sie aber begehen, dann sollten wir aus unseren Fehlern lernen. Das können wir aber nur dann, wenn wir nach unseren eigenen Fehlern Ausschau halten oder dankbar annehmen, wenn andere uns darauf aufmerksam machen. Und wenn wir – im umgekehrten Fall – andere auf ihre Fehler aufmerksam machen, dann wäre es besser, wenn wir es nicht belehrend und besserwisserisch tun, sondern im Bewusstsein unserer eigenen Fehlerhaftigkeit. Wenn uns solch ein Verhalten gelingt, dann wird Toleranz eine Tugend, die Selbstüberwindung verlangt, denn schließlich ärgert man sich ja über einen Fehler. Und statt aggressiv auf denjenigen zu reagieren, der uns auf einen Fehler aufmerksam macht, müssten wir ihm dankbar sein, was uns meistens besonders schwer fällt.»

«Sie sprechen immer davon, dass wir unsere eigenen
Überzeugungen hinterfragen, dass wir uns Wissen
über die Motive des anderen aneignen, dass wir lernen müssen, die Meinungen der anderen gleichberechtigt zu akzeptieren. Aber wenn jemand rassistische oder sexistische Sprüche kloppt, dann ist es mir
egal, ob er das aus einem Minderwertigkeitsgefühl
heraus tut, dann will ich mir so eine Meinung nicht
verständnisvoll anhören, sondern dagegenhalten.
Oder wenn ein Mann meint, es sei in Ordnung, seine
Frau und seine Kinder zu schlagen, dann finde ich
das unerträglich. Bin ich also intolerant, weil ich
nicht bereit bin, bestimmte Meinungen zu akzeptieren?»
«Nein, Meinungen, die selber intolerant sind, also
gegen den Geist der Menschenrechte und der Verfassung verstoßen, musst du nicht respektieren. Wenn
du dich dafür einsetzt, unsere Gesellschaft demokra-
tisch zu erhalten, solltest du diese Meinungen auch
nicht hinnehmen, sondern sie offen kritisieren und
gegensätzlich diskutieren. Toleranz heißt nicht, dass
man jede noch so verblödete oder verblendete
Ansicht ernst nehmen und menschenverachtende
Meinungen widerspruchslos erdulden muss. Der
Streit ist ein wesentlicher Bestandteil jeder Demokratie.
Das Toleranzgebot besagt nur, dass der Meinungsstreit friedlich ausgetragen werden muss. Das heißt,
man muss in jedem Fall die Person des anderen

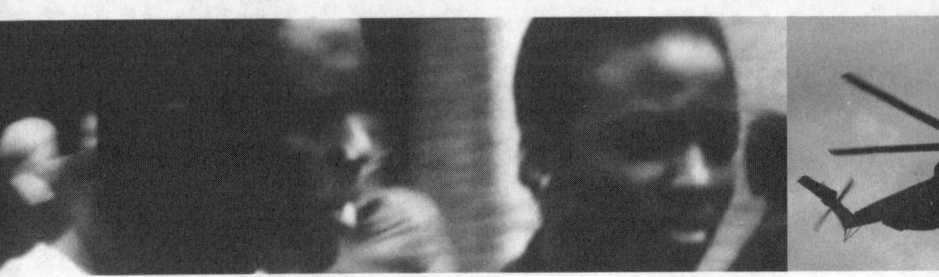

respektieren, nicht aber jede seiner Meinungen und
Überzeugungen. Fällt jemandem von euch dazu ein
Beispiel ein?»

«Ist doch klar», sagte Cem. «Wenn mir jemand sagt,
dass Türken in Deutschland nichts zu suchen haben,
dann macht er damit von seinem Recht auf freie Mei-
nungsäußerung Gebrauch. Auch wenn mir seine
Meinung überhaupt nicht passt, darf ich ihn deswegen nicht verprügeln. Aber ich würde ihm natürlich
widersprechen und ihn mit Worten angreifen. Aber
wenn der andere mich dann schlägt, weil ich Türke
bin oder weil er keinen Widerspruch erträgt, begeht
er eine Straftat. Damit verwirkt er sein Recht auf Toleranz. Wenn ich den Täter anzeige, muss der Staat
ihn verfolgen und bestrafen.»

«Ganz richtig», sagte Friedrich. «Wer seine Meinung
gewalttätig durchsetzen will und also die Person, die
körperliche Unversehrtheit eines Menschen verletzt,
der macht sich strafbar und darf nicht auf die Toleranz seiner Mitmenschen oder des Staates hoffen.
Ganz besonders schlimm sind die Fanatiker. Gegen
sie darf es keine Rücksicht geben. Fanatiker glauben
zum Beispiel, dass sie das Recht haben, jemanden
körperlich zu verletzen, der ihre Überzeugungen kritisiert und sie damit in ihren Augen verletzt hat. So
hat zum Beispiel eine aus religiösen Fanatikern
zusammengesetzte Staatsführung im Iran den
Schriftsteller Salman Rushdie zum Tode verurteilt,
ihn – wie im Mittelalter – für vogelfrei erklärt und

auch noch eine Kopfprämie auf seine Ermordung ausgelobt. Und all das, weil Rushdie angeblich einen ‹gotteslästerlichen› Roman geschrieben hat, der den Islam und die religiösen Gefühle der Muslime beleidigt und verletzt. Bis heute muss Rushdie versteckt leben, weil fanatische Muslime auf der ganzen Welt es auf ihn abgesehen haben. Auch Rushdies Übersetzer, Verleger und Buchhändler wurden in der Vergangenheit von den Fanatikern bedroht und zum Teil Opfer von Attentaten.

Demokratische Regierungen dürften diesen Staatsterror gegen Rushdie eigentlich nicht tolerieren und hätten zur Strafe ihre wirtschaftlichen und politischen Beziehungen mit dem Iran auf das allernötigste Mindestmaß beschränken müssen. Aber da zeigt sich häufig die Feigheit unserer Politiker: Selbst jene, die bei jedem Brandanschlag auf das Haus eines Ausländers laut nach einer harten Bestrafung der Täter und durchgreifenden Maßnahmen zur Bekämpfung der Intoleranz rufen, reagieren zu milde auf das Todesurteil gegen Rushdie. Und warum? Weil ein Boykott des Irans der deutschen Wirtschaft Nachteile bringen würde, wird die Sicherung des Wohlstandes und der Arbeitsplätze in Deutschland in diesem Fall über die Einforderung der Menschenrechte gestellt.»

«Ich finde das nicht feige, sondern verlogen», meinte Yvonne.

Ihr habt die Wahl

Catharina wirkte am ruhigsten, während Felix sich
kaum beherrschen konnte. In der Wahlzentrale wurden die Stimmen ausgezählt, und es schien sehr knapp
zu werden. Mal lag Catharina ein wenig vorn, mal ihr
stärkster Gegenkandidat. Friedrich und die beiden
Kinder hatten darauf bestanden, Catharina am Wahl-
abend zu begleiten.
«Zu Hause würden wir es vor Aufregung nicht aus-
halten», meinten alle drei.
Das ganze Wochenende war aufregend gewesen. Am
Samstag waren die Pakete für «Kids helfen Kids im
Kosovo» abgeholt worden. Und am selben Nachmittag hatten sich Friedrich und Sven mit einigen Mit-
gliedern des Schwimmvereins zusammengesetzt, um
über die Besetzung eines neuen Vorstands zu beraten.
Sonntag früh hielt es keinen der Familie lange im
Bett, und schon um halb zehn hatten sie gefrüh-
stückt. Beim Wahllokal legten Catharina und Fried-
rich ihren Wahlschein vor und verschwanden in der
Wahlkabine.
«Warum kreuzt ihr den Zettel nicht einfach hier am
Tisch an», fragte Felix, «es weiß doch jeder, für wen
ihr stimmt.»
Catharina lachte: «Da hast du Recht. Aber da allge-

meine, freie, gleiche und geheime Wahlen ein
schwer erkämpftes Recht der Demokraten sind, nehmen wir es ernst. *Allgemein* heißt: Jeder volljährige
Bürger darf zur Wahl gehen und sich zur Wahl
stellen – und nicht etwa nur die Männer oder sogar
nur die männlichen Bürger mit Grundbesitz, wie
es in der Vergangenheit oft war. *Frei* sind die Wahlen, weil es in einer Demokratie keinen Zwang gibt,
einen bestimmten Kandidaten oder eine bestimmte
Partei zu wählen. *Gleich* bedeutet, dass jeder Wähler
die gleiche Stimmenzahl hat und jede Stimme gleich
viel Wert ist. Auch das war nicht immer so; früher
hatten die Reichen und Mächtigen oft mehr Stimmen als die Armen. *Geheim* soll die Wahl schließlich
sein, damit niemand für seine Wahl benachteiligt
werden kann.»

«Warum ist das so wichtig?», fragte Felix weiter.

«Es gibt ja verschiedene Staatsformen», erklärte
Catharina. «In der Diktatur haben die Bürger nichts
zu sagen, da bestimmt der Diktator oder mehrere
starke Politiker in einer Regierung. So gab es zum
Beispiel auch in der DDR Wahlen, aber wer in die
Wahlkabine ging, um geheim abzustimmen, der
machte sich verdächtig, weil er sich vielleicht gegen
die Führung aussprach. Früher herrschten Könige
oder gar Kaiser über das Volk, ohne ihm das Recht zu
geben mitzuentscheiden.

Eine Demokratie dagegen ist ‹die Regierung des
Volkes durch das Volk und für das Volk› – so hat es

der amerikanische Präsident Abraham Lincoln einmal gesagt.»

«Der Begriff *Demokratie* kommt aus dem Griechischen», flocht Friedrich ein. «*Demos* heißt Volk und
kratein herrschen. Wobei es heute vielleicht richtiger
ist, von der *Volksregierung* zu sprechen, denn herrschen bedeutet ja eher, über die Untertanen willkür-
lich zu bestimmen; geherrscht haben die Könige.»

«In der Monarchie nannte man den König den Souverän, den Machthaber. In der Demokratie ist das
Volk der Souverän, weswegen man auch von der
Volkssouveränität spricht. Das Volk gibt sich eine Verfassung. Nun klingt das einfach. Aber wie soll sich ein
Volk, in dem mehrere Millionen Menschen leben,
einfach ein Grundrecht geben? Dazu werden Vertreter des Volkes in eine verfassunggebende Versammlung gewählt. Und wenn die eine Verfassung ausgear-
beitet haben, wird entsprechend den dort bestimmten
Regeln eine Regierung gewählt.

Nun gibt es verschiedene Formen von Demokratie.
In Deutschland sprechen wir von der *parlamentarischen Demokratie*, weil wir – das Wahlvolk – zuerst
das Parlament, also den Bundestag wählen. Die gewählten Abgeordneten stimmen dann darüber ab,
wer Bundeskanzler wird. Der Bundeskanzler selbst
braucht kein Abgeordneter zu sein. Er kann auch
vom Parlament abgesetzt werden, allerdings nur,
wenn der Bundestag gleichzeitig einen Nachfolger
wählt. Ähnlich ist es in Großbritannien und Italien.

In einer *Präsidial-Demokratie* wird der Präsident, der
dann die Regierung bildet, direkt vom Volk gewählt.
Er ist also kein Mitglied des Parlaments, das vom
Volk in einer eigenen Wahl gewählt wird. So ist es in
den Vereinigten Staaten, in Russland und in Frank-
reich. Ein Präsident kann nicht abgewählt werden,
allerdings ist seine Amtszeit meist begrenzt. In vielen
Ländern dürfen Präsidenten nur einmal wieder gewählt werden, damit sie nicht zu lang an der Macht
sind – und zu stark werden.

Man kann nicht sagen, die eine Form der Demokratie
sei besser als die andere. Jedes Land gibt sich die Re-
gierungsform, die am besten zum politischen Verhalten seines Volkes passt.»

Ein Wahlhelfer schrieb neue Zahlen an die Tafel,
und der Vorsprung von Catharina schrumpfte auf
dreizehn Stimmen.

«O Gott!», sagte Felix.

«Wenn ich verliere, ist es auch nicht schlimm», sagte
Catharina, «so ist das schließlich in einer Demokratie.»

«Aber es wäre wieder mal typisch, wenn die Frauen
verlieren», maulte Alix. «Und von wegen Demokratie. Was haben wir Schüler und Schülerinnen schon
mitzubestimmen?»

«Immerhin habt ihr Schul- und Klassensprecher.
Aber demokratischer wäre es in der Tat, wenn die
Schulen sich selbst verwalteten und gemeinsam mit
den Schülern die Art ihres Zusammenlebens und

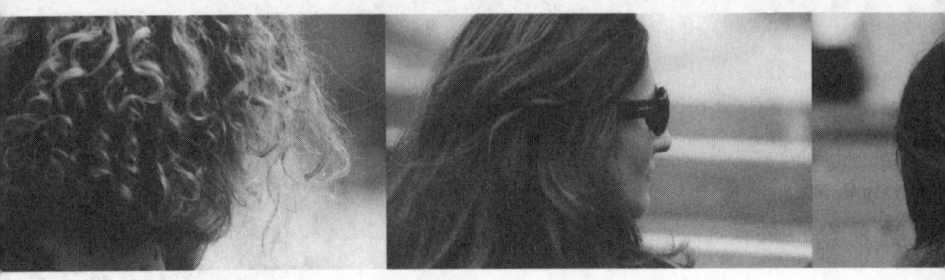

-arbeitens selbst bestimmten. Dann würden Kinder
von früh an erfahren, was demokratische Mitwirkung
heißt, und sie würden lernen, sich verantwortlich zu
fühlen.

Auf dem Papier klingt der Begriff Demokratie auch
immer besser, als die Wirklichkeit dann aussieht.

Nach dem Grundgesetz besteht Gleichberechtigung
zwischen Mann und Frau, aber die Männer in den
politischen Parteien machen es den Frauen schwer. In
der Wirtschaft erhalten Frauen häufig für die gleiche
Arbeit wie Männer immer noch ein geringeres
Gehalt, denn die Gleichberechtigung gilt wie alle
Grundrechte zunächst einmal nur im staatlichen,
nicht aber im gesamten gesellschaftlichen Bereich.

Kritisieren kann man viel: Die Bürger haben alle paar
Jahre das Recht, zu wählen. Aber dann können die
Parteien weitgehend das politische Geschehen
bestimmen und Entscheidungen treffen, mit denen
der Wähler vielleicht gar nicht einverstanden ist.

Der französische Philosoph Jean-Jacques Rousseau,
ein großer Kämpfer für die Demokratie, hat deshalb
ganz verächtlich gemeint, kaum seien Parlaments-
wahlen vorbei, dann lebe das Volk wieder in Knecht-
schaft, dann sei es nichts mehr.

Und dann verstoßen ja selbst Parteien manchmal
gegen die Gesetze, nur um sich an der Macht zu
halten. Das haben wir in verschiedenen Parteien-
finanzierungs-Skandalen erlebt. Es geht ja gerade im
Gemeindebereich so weit, dass Parteien sich unter-

einander verabreden, wer welchen gut bezahlten
Posten in einem städtischen Unternehmen erhalten
soll und welche Privatfirma einen Auftrag erhält, die
dann der Partei etwas zukommen lässt.
Deshalb hat der englische Premierminister Winston
Churchill auch einmal scherzhaft gesagt: ‹Demokratie ist die schlechteste aller Staatsformen – ausge-
nommen alle anderen.› Und das stimmt ja auch:
Wenn man schon eine Staatsform braucht, dann ist
diejenige die beste, in der die Staatsgewalt von allen –
also vom Volk – ausgeht. Es kann sich wehren – und
Kontrolle ausüben, indem es schlechte Politiker bei
den nächsten Wahlen abwählt.
Der Bürger muss jedes politische System kritisch
beurteilen. Und das ist ja auch der Grund, weshalb
ich kandidiere. Ich will hier in der Stadt etwas verändern.»
«Und das ist der Grund, weshalb Friedrich den Verein übernehmen sollte», sagte Alix mit strengem
Blick, «um was zum Besseren zu verändern.»
Friedrich schaute sie mit verzweifeltem Blick an, aber
bevor er etwas antworten konnte, rief Felix:
«Jetzt hast du nur noch sieben Stimmen Mehrheit!»
«Mehrheit ist Mehrheit», sagte Friedrich gelassen,
während Catharina nun doch nervös wurde.
«Bist du denn gewählt, wenn du nur eine Stimme
mehr hast?»
«Ja, aber hoffentlich wird es nicht so knapp! – In
einer Demokratie gilt als gewählt, wer die Mehrheit

hat, und sei sie auch noch so gering. Es sind schon
Bundeskanzler mit nur einer Stimme Mehrheit gewählt worden. Wer 51 Prozent der Stimmen erzielt,
der siegt über den, der nur 49 erhalten hat.»
«Und der kann dann regieren, wie er will?»
«Im Prinzip schon. Aber das politische System ist
sehr kompliziert. In Deutschland werden Gesetze
vom Bundestag verabschiedet und müssen, wenn sie
auch die Bundesländer betreffen, noch vom Bundesrat beschlossen werden. Im Bundesrat sitzen aber
keine Abgeordneten, sondern Vertreter der Landesre-
gierungen, und da ist die Mehrheit manchmal anders,
also müssen Bundesregierung, Bundestag und Bundesrat sich einigen. Die Mehrheit soll nicht wie ein
Diktator regieren können, deshalb hat auch die Minderheit gewisse Rechte. Wenn zum Beispiel die Regierung etwas falsch macht und das vertuschen will,
dann kann die Minderheit im Bundestag einen
Untersuchungsausschuss einberufen. Daran kann
sie die Mehrheit auch nicht hindern.»
«Wenn du gewählt wirst, kannst du dann im Gemeinderat abstimmen, wie du willst?»
«Abgeordnete sind, so steht's im Grundgesetz, nur
ihrem Gewissen verantwortlich – und nicht irgendwelchen Weisungen der Partei unterworfen. Aber in
Wirklichkeit ist das natürlich anders. Wenn ich mich
immer gegen den Willen der Partei stelle, dann werde ich das nächste Mal einfach nicht zur Wahl aufgestellt, und ohne Anbindung an eine Partei hat man

keine Chance, gewählt zu werden. Wenn man also anderer Meinung ist als die Mehrheit in der Partei, dann muss man sich erst einmal dort durchsetzen. Politik ist schon mühsam», seufzte Catharina, «doch es lohnt sich, mitzumachen.»

«Aber in der Zeitung habe ich gelesen, die Parteien hätten unsere Demokratie verstaatlicht und den Bürger entmachtet. Angela Merkel von der CDU hat sogar gesagt, der Umgang mit Geld in ihrer Partei ähnele Geldwäsche.»

«Auch die FDP und die SPD waren schon in Finanz-skandale verwickelt. In jeder Partei findest du Skandale. Leider, und die verantwortlichen Politiker soll-ten dafür auch härter bestraft werden als bisher. Aber die meisten Politiker sind ehrlich und verantwor-tungsvoll, wenn sie – wie ich – ehrenamtlich Tag für Tag viel Zeit opfern, um ihnen wichtige Dinge durchzusetzen, wie etwa ich das Jugendhaus.»

«Viele Leute engagieren sich politisch», sagte Fried-rich, «aber sie treten nicht in Parteien ein, sondern schließen sich anderen Organisationen an, die man inzwischen *NGO* nennt – was aus dem Englischen kommt und *Non Governmental Organisations* heißt, also nichtregierungsamtliche Organisationen. Da gibt es zum Beispiel ‹amnesty international›, eine Vereinigung, die sich um Menschen kümmert, die in Diktaturen eingesperrt und gefoltert werden, ‹Ärzte ohne Grenzen› schickt medizinische Hilfe und Per-sonal in Krisengebiete, oder die ‹Gesellschaft für

bedrohte Völker› sorgt sich um unterdrückte Min-
derheiten oder gar ganze Völker. Und dann gibt es
noch unglaublich viele Jugendverbände – für
Umwelt, Soziales, Politik. Überall kann man politisch
tätig sein.»

«Ich finde, dass Politiker nur eine Floskelsprache beherrschen, häufig keinen Mut haben, nicht unsere
Sprache sprechen und auch gar nicht wissen, was uns
angeht!», sagte Alix.

«Wenn ihr unzufrieden mit dem Zustand unserer
Demokratie seid, dann denkt nur an eines: Jeder
kann etwas zu ihrer Besserung beitragen – auch ihr.
Ihr seid die Macht!»

Für die freundliche Bereitstellung von Bildmaterial für dieses Buch danken wir Clarissa Prazeres da Costa, Otto Reitsperger und Frank Wend. Copyright der Fotos auf Seite 6, 2. v. li. © Ullstein/AP; Seite 11, 2. v. li. und Seite 86 li. © Mario de Biasi; Seite 11, 1. v. re., Seite 89 re., Seite 92 re. und Seite 101 re. © Ullstein/dpa; Seite 17, 1. v. re. © Ullstein/Peter Rundholz; Seite 34, 1. v. li. © Ullstein/Peter Hendricks; S. 24 li., Seite 60 und Seite 61 © Walter Ballhause; Seite 102 und Seite 103 © Christian Staub; Seite 144 © dpa.

Ulrich Wickert wurde 1942 in Tokio geboren. Er besuchte ein französisches Gymnasium, studierte danach in Deutschland Jura und in den USA Politische Wissenschaften. In den siebziger Jahren wurde er durch seine kritischen Beiträge beim Fernsehmagazin MONITOR bekannt. Von 1977 bis 1991 war er Korrespondent der ARD in Washington, New York und Paris. Seitdem moderiert er die «Tagesthemen».
Ulrich Wickert hat bereits mehrere erfolgreiche Bücher geschrieben. «Ihr seid die Macht!» ist sein erstes Buch für junge Leser. Er hofft, damit möglichst viele Jugendliche zum Mitreden und Mitmischen, zum Engagement, kurz: zur Politik, anzustiften.